J'INVESTIS OUPAS

Introduction 5

Importance de l'investissement **et** de la gestion financière personnelle. 8

Chapitre **1**: Comprendre les bases de l'investissement 12

1 - Les différents types d'investissements.... 12

2 - Risques et rendements 17

3 - Introduction à la diversification 20

Chapitre 2: Établir des objectifs financiers 24

1 - Identifier ses objectifs à court, moyen et long terme 24

2 - Comment fixer des objectifs financiers realists 28

3 - L'importance de l'épargne pour atteindre ses objectifs 31

Chapitre 3: Budget et suivi des dépenses 36

1 - Élaboration d'un budget personnel 36

2 - Outils et méthodes pour suivre ses dépenses 40

3 - Conseils pour réduire les dépenses superflues 43

Chapitre 4: Gérer ses dettes intelligemment.... 47

  1 - Analyse des différents types de dettes 47

  2 - Stratégies pour rembourser ses dettes efficacement.................. 51

  3 - Comment éviter de s'endetter inutilement55

Chapitre 5: Introduction à l'investissement.... 59

  1 - Comment éviter de s'endetter inutilement59

  2 - Évaluation de son profil d'investisseur... 62

  3 - Les différentes classes d'actifs: actions, obligations, fonds indiciels, etc 66

Chapitre 6: Stratégies d'investissement............ 70

  1 - Investissement passif vs actif................. 70

  2 - La méthode Dollar-Cost Averaging........ 74

  3 - L'importance de la patience et de la discipline en investissement 79

Chapitre 7: Planification de la retraite 84

  1 - Calcul des besoins de retraite.................. 84

  2 - Les différents véhicules de placement pour la retraite (REER, CELI, etc.) 88

  3 - Conseils pour maximiser son épargne-retraite 92

Chapitre 8: Gestion des risques...................... 97

1 - Assurance-vie, assurance maladie, assurance habitation: ce qu'il faut savoir...... 97

2 - Les différentes formes de protection financière 103

3 - Comment se prémunir contre les risques financiers.. 107

Chapitre 9: Investir en période de crise 111

1 - Stratégies d'investissement pendant les périodes de volatilité...................................... 111

2 - L'importance de la résilience psychologique en période de crise.............. 115

3 - Opportunités d'investissement lors des crises économiques 120

Chapitre 10: Évaluation et ajustement de sa stratégie d'investissement............................... 125

1 - Suivi de ses placements...................... 125

2 - Réévaluation de ses objectifs et de son profil d'investisseur...................................... 129

3 - Les signaux pour ajuster sa stratégie d'investissement 134

Conclusion 140

persévérer dans sa démarche d'investissement et de gestion financière personnelle 143

Introduction

Dans l'océan tumultueux des finances personnelles, il est parfois difficile de naviguer sans se perdre. Chaque vague représente un défi, chaque courant, une tentation. Comment alors garder le cap, éviter les écueils et atteindre sereinement ses objectifs financiers ? C'est dans cet univers mouvementé que notre livre, "J'investis ou pas ?", se présente comme une boussole, un guide fidèle pour ceux et celles qui cherchent à prendre en main leurs revenus avec habileté et discernement.

Imaginez-vous debout sur le pont d'un navire, scrutant l'horizon incertain des finances personnelles. Autour de vous, les vagues menacent de vous submerger, les vents tentent de vous détourner de votre cap. Mais vous tenez bon, car vous avez à vos côtés un équipage de connaissances, de techniques et de bonnes pratiques qui vous aideront à naviguer avec assurance.

Ce livre n'est pas seulement un manuel d'investissement, mais une invitation à la réflexion et à l'action. Nous ne vous promettons pas des gains rapides ou des recettes miracles, mais nous vous offrons quelque chose de bien plus précieux : la capacité de comprendre, de planifier et d'agir de manière avisée avec vos finances.

Dans les pages qui suivent, nous explorerons ensemble les méandres des finances personnelles. Nous plongerons dans l'art subtil de la gestion budgétaire, où chaque euro compte, où chaque dépense est scrutée à la loupe. Nous démystifierons l'investissement, cette alchimie complexe où le risque et la récompense dansent un éternel ballet.

Vous découvrirez que gérer ses revenus avec efficacité ne se résume pas à accumuler des richesses, mais à trouver un équilibre entre les besoins présents et les aspirations futures. C'est une quête de sens autant qu'une quête de sécurité financière.

Au fil des chapitres, vous apprendrez à établir des objectifs clairs et réalistes, à tracer votre propre chemin à travers le dédale des marchés financiers. Vous apprendrez à distinguer les mirages des opportunités réelles, à vous armer contre les pièges de l'endettement et les tempêtes économiques.

Ce livre est un appel à l'action, une invitation à prendre les rênes de votre destin financier. Car au-delà des chiffres et des graphiques, il y a vos rêves, vos aspirations, vos projets. Et c'est en maîtrisant vos finances que vous pourrez leur donner vie, un pas à la fois, une décision à la fois.

Alors, prêt à embarquer pour ce voyage ? Prêt à défier les vents contraires et à hisser vos voiles vers un avenir financier plus radieux ? Si oui, alors que cette lecture soit le point de départ de votre propre épopée financière. Et que chaque page tournée soit un pas de plus vers la liberté et la prospérité.

Importance de l'investissement et de la gestion financière personnelle.

Il était une fois, dans un monde où chaque pièce comptait, où chaque sou était le fruit d'un dur labeur, où la sécurité financière n'était pas un luxe, mais une nécessité, un homme nommé Pierre. Pierre était un personnage ordinaire, avec des rêves extraordinaires et une volonté farouche de les réaliser. Mais comme beaucoup, il se trouvait confronté à un défi de taille : comment gérer ses finances de manière à assurer son avenir et celui de sa famille ?

Pierre avait grandi dans un environnement où l'argent n'était pas abondant, où chaque dépense était soigneusement pesée et chaque investissement, minutieusement réfléchi. Ses parents lui avaient inculqué les valeurs de l'épargne, du travail acharné et de la prudence financière. Pourtant, malgré ces enseignements, Pierre se sentait parfois dépassé par les exigences de la vie moderne.

Il observait autour de lui, dans les rues animées de la ville, les lumières étincelantes des magasins, les panneaux publicitaires criards, les tentations à chaque coin de rue. Il entendait les récits des uns et des autres, des succès fulgurants, des investissements chanceux, mais aussi des échecs cuisants, des dettes insurmontables, des rêves brisés.

C'est dans ce tourbillon d'émotions et de perceptions contradictoires que Pierre réalisa l'importance cruciale de l'investissement et de la gestion financière personnelle. Ce n'était pas simplement une question d'accumulation de richesses ou de recherche de profit, mais bien plus que cela. C'était une question de liberté, de sécurité, de dignité même.

L'investissement, pour Pierre, c'était la clé qui ouvrait les portes de l'avenir, qui lui permettait de transformer ses rêves en réalité. C'était le moyen de cultiver patiemment ses ressources, de semer aujourd'hui pour récolter demain. C'était un acte de foi autant qu'un acte de raison, une conviction profonde que chaque effort, chaque sacrifice, chaque euro investi, portait en lui le potentiel de changer sa vie pour le mieux.

Mais l'investissement, pour être efficace, devait être accompagné d'une gestion financière personnelle rigoureuse. C'était là le cœur même de la question. Car même les plus grands trésors pouvaient être dilapidés par une mauvaise gestion, par des dépenses superflues, par des décisions impulsives prises dans l'urgence.

Pierre se mit donc à l'ouvrage, armé de sa détermination et de sa volonté d'apprendre. Il étudia les principes de base de l'investissement, les différentes classes d'actifs, les risques et les rendements. Il apprit à établir des objectifs financiers clairs et réalistes, à élaborer un budget solide, à suivre ses dépenses avec attention.

Il découvrit que la gestion financière personnelle ne se résumait pas à une série de règles abstraites, mais qu'elle était avant tout une question de discipline, de persévérance, de vision à long terme. C'était apprendre à dire non aux plaisirs immédiats pour mieux dire oui aux possibilités futures. C'était apprendre à vivre selon ses moyens, mais aussi à faire fructifier ses ressources, à investir dans l'avenir avec confiance et discernement.

Et plus Pierre plongeait dans cet univers fascinant des finances personnelles, plus il réalisait à quel point chaque décision, chaque choix, avait un impact sur sa vie et sur celle de ceux qui lui étaient chers. Il comprenait que l'argent n'était pas une fin en soi, mais un outil au service de ses valeurs, de ses aspirations, de ses rêves les plus profonds.

Ainsi, Pierre devint non seulement un meilleur gestionnaire de ses finances, mais aussi un meilleur gestionnaire de sa vie. Il apprit à cultiver la gratitude pour ce qu'il avait, tout en nourrissant l'ambition pour ce qu'il pourrait encore accomplir. Il apprit à prendre des risques calculés, mais aussi à accepter les revers avec courage et résilience.

Et tandis que les saisons passaient, que les marchés fluctuaient, que les vents de l'économie soufflaient tour à tour chauds et froids, Pierre resta fidèle à sa vision, à ses principes, à ses rêves. Car il savait, au fond de lui, que l'investissement et la gestion financière personnelle étaient bien plus qu'une simple question d'argent. C'étaient les fondations sur lesquelles il construirait sa vie, son avenir, son héritage.

Ainsi se termina l'histoire de Pierre, un homme ordinaire qui devint extraordinaire par sa détermination, par sa sagesse, par sa foi en un avenir meilleur. Et si vous écoutez attentivement, vous entendrez peut-être l'écho de cette histoire dans les méandres de votre propre vie, dans les rêves qui sommeillent au plus profond de votre cœur. Et peut-être, juste peut-être, trouverez-vous dans ces mots le courage et l'inspiration pour entreprendre à votre tour ce voyage extraordinaire vers la liberté financière et la réalisation de soi.

Chapitre 1: Comprendre les bases de l'investissement

1 - Les différents types d'investissements

Dans les méandres de l'investissement, il existe un foisonnement de possibilités, un kaléidoscope de choix qui s'offre à l'investisseur en quête de rendements, de sécurité, ou tout simplement d'opportunités. Chacun de ces choix représente une porte vers un univers financier différent, avec ses propres règles, ses propres risques et ses propres récompenses. Mais avant de franchir le seuil de cette aventure, il est essentiel de comprendre les différents types d'investissements qui s'offrent à nous, de distinguer les arbres du vaste et dense bois de l'investissement.

Imaginez-vous marchant dans une forêt dense, où chaque arbre cache une richesse potentielle, mais aussi un danger latent. Vous avancez prudemment, scrutant les branches, écoutant le chant du vent à travers les feuilles, cherchant à discerner les chemins qui s'offrent à vous. C'est dans cet univers foisonnant, où les possibilités se mêlent à l'incertitude, que nous vous invitons à vous aventurer, à explorer les différentes facettes de l'investissement.

Commençons par les fondements, par les pierres angulaires sur lesquelles repose tout l'édifice de l'investissement. Au cœur de cet édifice se trouve l'investissement dans les actions, une des formes les plus répandues et les plus accessibles d'investissement. Les actions représentent littéralement une part de propriété dans une entreprise, une voix dans les décisions qui façonnent son destin. Acheter des actions, c'est investir dans le potentiel de croissance d'une entreprise, dans son succès futur, dans les fruits de son labeur. C'est un pari sur l'avenir, une confiance dans la capacité d'une entreprise à prospérer et à générer des bénéfices pour ses actionnaires.

Mais les actions ne sont pas le seul chemin qui s'offre à l'investisseur en quête de rendements. Il existe également les obligations, ces titres de créance émis par les gouvernements, les entreprises ou les institutions financières. Acheter des obligations, c'est prêter de l'argent à l'émetteur en échange d'un paiement d'intérêts régulier et du remboursement du capital à l'échéance. Les obligations sont souvent perçues comme des investissements plus sûrs que les actions, offrant un revenu stable et prévisible, mais elles comportent également leur lot de risques, notamment en ce qui concerne le risque de défaut de paiement de l'émetteur.

En dehors des actions et des obligations, il existe toute une gamme d'autres types d'investissements, chacun avec ses propres caractéristiques et ses propres nuances. Il y a les fonds communs de placement, ces véhicules d'investissement gérés par des professionnels qui investissent dans un panier diversifié d'actions, d'obligations ou d'autres titres. Il y a les fonds négociés en bourse (ETF), ces fonds qui se négocient comme des actions sur les bourses et qui offrent une exposition à un indice, à un secteur ou à une stratégie d'investissement spécifique. Il y a les produits dérivés, ces instruments financiers dont la valeur dépend du prix d'un actif sous-jacent, tels que les contrats à terme, les options ou les swaps.

Et puis, il y a les investissements alternatifs, cette vaste catégorie d'investissements qui sortent des sentiers battus de l'investissement traditionnel. Il peut s'agir d'investissements dans l'immobilier, dans les matières premières, dans les œuvres d'art, dans les startups, dans les hedge funds, dans les private equity, dans les fonds de capital-risque, et bien d'autres encore. Les investissements alternatifs offrent souvent des rendements potentiellement plus élevés que les investissements traditionnels, mais ils sont également souvent plus risqués et moins liquides.

Chacun de ces types d'investissements a ses avantages et ses inconvénients, ses opportunités et ses défis. Chacun présente des opportunités de rendement, mais aussi des risques de perte. Chacun demande une compréhension approfondie de ses mécanismes, de ses caractéristiques et de ses implications. Mais au-delà de ces distinctions, au-delà de ces nuances, il y a un fil conducteur qui relie tous ces types d'investissements : celui de l'allocation d'actifs, de la diversification, de la gestion prudente des risques.

Car en fin de compte, l'investissement n'est pas seulement une question de choix entre actions et obligations, entre fonds communs de placement et ETF, entre investissements traditionnels et investissements alternatifs. C'est avant tout une question d'allocation judicieuse des ressources, de construction d'un portefeuille équilibré, de répartition intelligente des risques. C'est une question de stratégie, de discipline, de vision à long terme.

Et c'est dans cette vision que réside la clé de la réussite en matière d'investissement. Car si chaque type d'investissement a son rôle à jouer dans un portefeuille bien diversifié, c'est la manière dont ces différents éléments sont combinés, harmonisés, qui détermine en fin de compte la performance et la résilience du portefeuille dans son ensemble. C'est la capacité à naviguer avec adresse dans ce vaste océan d'opportunités, à saisir les vents favorables tout en évitant les tempêtes, qui distingue le véritable navigateur financier.

Que vous soyez un novice en la matière ou un vétéran chevronné, nous espérons que cette excursion dans le monde de l'investissement vous aura apporté un nouvel éclairage, une nouvelle perspective sur les possibilités qui s'offrent à vous. Car au bout du compte, c'est en comprenant les bases de l'investissement que vous pourrez construire les fondations d'une stratégie d'investissement solide, durable, et adaptée à vos objectifs et à votre tolérance au risque.

2 - Risques et rendements

Commençons par parler des risques. Les risques, ce sont comme des défis ou des obstacles que l'on rencontre sur le chemin de l'investissement. Ils peuvent venir de partout : des changements dans l'économie, des crises politiques, des événements inattendus. Les risques font partie du jeu de l'investissement, et ils peuvent parfois faire peur. Ils peuvent faire baisser la valeur de nos investissements, et c'est pour ça qu'il faut les prendre au sérieux.

Prenons l'exemple des actions. Quand on achète des actions, on devient un petit morceau propriétaire d'une entreprise. C'est excitant ! Mais il y a un risque. Si l'entreprise ne se porte pas bien, la valeur de nos actions peut baisser. C'est comme si on pariait sur le succès de l'entreprise, et parfois, on peut perdre.

Maintenant, parlons des obligations. Les obligations, c'est un peu comme prêter de l'argent à quelqu'un. En échange, cette personne nous donne des intérêts régulièrement. C'est plutôt sûr, mais il y a quand même un risque. Si la personne à qui on a prêté de l'argent ne peut pas nous rembourser, on peut perdre une partie de notre investissement.

Il y a aussi d'autres types d'investissements, comme les fonds communs de placement et les ETF. Ils rassemblent l'argent de plusieurs personnes pour investir dans différents endroits. C'est bien pour diversifier nos investissements, mais il y a toujours un risque. Si les choses ne se passent pas comme prévu, on peut perdre de l'argent.

Et que dire des investissements alternatifs, comme l'immobilier ou les matières premières ? Ce sont des investissements différents, qui peuvent nous rapporter gros, mais qui peuvent aussi nous réserver des surprises. Par exemple, si le marché immobilier baisse, la valeur de nos propriétés peut diminuer.

Maintenant, parlons des rendements. Les rendements, c'est comme les récompenses que l'on reçoit pour avoir pris des risques. Quand nos investissements vont bien, on peut gagner de l'argent. C'est le but de l'investissement : faire fructifier notre argent.

Prenons à nouveau l'exemple des actions. Si une entreprise dans laquelle on a investi se porte bien, la valeur de nos actions peut augmenter. C'est comme si on recevait une récompense pour avoir cru en elle. On peut aussi recevoir des dividendes, une partie des bénéfices de l'entreprise.

Les obligations, elles, nous donnent des intérêts régulièrement. C'est comme si on recevait un petit cadeau chaque mois. Ce n'est peut-être pas autant que ce que l'on peut gagner avec des actions, mais c'est plus sûr.

Les fonds communs de placement et les ETF peuvent aussi nous rapporter de l'argent. Quand les entreprises dans lesquelles ils investissent vont bien, leur valeur peut augmenter, et on peut en profiter. C'est un peu comme si on plantait des graines et qu'on récoltait les fruits plus tard.

Et les investissements alternatifs ? Ils peuvent aussi nous rapporter de l'argent, mais il faut être prudent. Par exemple, si on investit dans l'immobilier et que le marché est en hausse, la valeur de nos propriétés peut augmenter. C'est une bonne nouvelle pour notre porte-monnaie !

En résumé, l'investissement, c'est comme une grande aventure où il faut prendre des risques pour espérer gagner de l'argent. Les risques sont là, c'est vrai, mais les rendements peuvent être très gratifiants. C'est pour ça qu'il faut bien réfléchir avant d'investir, et ne pas mettre tous ses œufs dans le même panier. En comprenant les risques et les rendements, on peut prendre des décisions éclairées et espérer voir nos investissements fructifier.

3 - Introduction à la diversification

Imaginez-vous dans ce jardin, marchant doucement parmi les parterres de fleurs. Vous voyez des roses rouges, des tulipes jaunes, des violettes bleues, toutes épanouies sous le doux soleil du printemps. Chaque fleur apporte sa propre contribution à la beauté du jardin, mais c'est leur combinaison qui crée un spectacle éblouissant.

La diversification, c'est un peu comme cela. C'est l'idée de ne pas mettre tous ses œufs dans le même panier, de ne pas compter uniquement sur une seule plante pour embellir notre jardin financier. Au lieu de cela, c'est l'art de répartir nos ressources entre différentes options d'investissement, afin de réduire les risques et d'optimiser les rendements.

Prenons un exemple simple pour comprendre. Imaginez que vous avez un petit potager où vous voulez faire pousser des légumes. Si vous ne plantez que des tomates, vous prenez le risque que des maladies ou des insectes détruisent toute votre récolte. Mais si vous plantez des tomates, des carottes, des courgettes et des poivrons, vous avez plus de chances d'avoir une récolte variée, même si une seule plante rencontre des problèmes.

C'est exactement ce que fait la diversification dans le monde de l'investissement. Plutôt que de tout investir dans une seule entreprise, une seule industrie ou un seul secteur, on répartit notre argent entre différentes actions, obligations, fonds communs de placement et autres actifs. De cette façon, si l'une de nos options d'investissement ne performe pas bien, les autres peuvent compenser les pertes.

Imaginez que vous avez investi dans une entreprise qui fabrique des téléphones. Si un jour, cette entreprise rencontre des difficultés à cause d'une nouvelle technologie, vos investissements pourraient en souffrir. Mais si vous avez également investi dans d'autres entreprises, comme une société de logiciels ou une entreprise de santé, leurs performances pourraient aider à compenser les pertes subies par l'entreprise de téléphones.

La diversification nous aide également à réduire notre exposition à certains risques spécifiques. Par exemple, si nous investissons uniquement dans le secteur de la technologie, nous sommes vulnérables aux fluctuations du marché de la technologie. Mais si nous diversifions nos investissements dans différents secteurs, comme la santé, l'énergie et les services financiers, nous réduisons notre dépendance à un seul secteur et nous sommes mieux préparés à affronter les tempêtes économiques.

Dans notre jardin financier, la diversification est comme une assurance. Elle nous protège contre les aléas du marché, les fluctuations imprévues et les crises inattendues. Elle nous donne la liberté d'explorer différentes avenues d'investissement, sans craindre de perdre tout ce que nous avons.

Mais attention, la diversification ne garantit pas le succès à 100 %. Comme dans tout jardin, il y aura toujours des fleurs qui ne poussent pas aussi bien que prévu, des plantes qui sont plus sensibles aux maladies ou aux ravageurs. De même, dans notre portefeuille d'investissement, il peut y avoir des pertes occasionnelles. Mais grâce à la diversification, nous minimisons ces pertes et nous maximisons nos chances de succès à long terme.

La diversification est un outil puissant dans la boîte à outils de tout investisseur. C'est une stratégie intelligente qui nous permet de répartir nos risques, d'optimiser nos rendements et de construire un portefeuille financier solide et équilibré. Dans notre jardin financier, elle est la clé de la croissance durable, de la résilience face aux tempêtes et de la beauté harmonieuse de nos investissements.

Alors, que vous soyez novice en matière d'investissement ou investisseur chevronné, n'oubliez pas l'importance de la diversification. Cultivez votre jardin financier avec soin, en plantant des graines de diversité, de prudence et de patience. Et avec le temps, vous récolterez les fruits d'une stratégie bien pensée, d'une vision à long terme et d'une confiance inébranlable dans le pouvoir de la diversification.

Chapitre 2: Établir des objectifs financiers

1 - Identifier ses objectifs à court, moyen et long terme

Commençons par comprendre ce qu'est un objectif financier. Un objectif financier est comme une destination que vous vous fixez pour votre argent. C'est un but que vous voulez atteindre grâce à vos économies, à vos investissements et à votre gestion financière. Que ce soit acheter une maison, payer vos études, partir en voyage autour du monde ou prendre votre retraite confortablement, vos objectifs financiers sont les étoiles qui guident votre voyage financier.

Premièrement, identifions vos objectifs à court terme. Ce sont les objectifs que vous voulez réaliser dans un futur proche, généralement dans les 1 à 3 ans. Peut-être que vous voulez économiser pour acheter une nouvelle voiture, rembourser une dette, ou constituer un fonds d'urgence pour faire face à des dépenses imprévues. Les objectifs à court terme sont comme des petits pas que vous faites au quotidien pour maintenir votre équilibre financier et répondre à vos besoins immédiats.

Ensuite, explorons vos objectifs à moyen terme. Ce sont des objectifs que vous voulez atteindre dans un horizon de 3 à 5 ans. Peut-être que vous souhaitez faire un apport pour l'achat d'une maison, financer les études de vos enfants, ou réaliser des rénovations dans votre maison. Les objectifs à moyen terme nécessitent une planification plus approfondie et une épargne régulière pour les atteindre. Ils sont comme des étapes intermédiaires sur le chemin de vos aspirations à long terme.

Enfin, parlons de vos objectifs à long terme. Ce sont les objectifs qui demandent une vision à plus long terme, généralement 5 ans ou plus. Il peut s'agir de préparer votre retraite, de constituer un fonds pour les études de vos petits-enfants, ou de réaliser vos rêves de voyage autour du monde. Les objectifs à long terme nécessitent une planification stratégique, un investissement judicieux et une discipline financière pour les atteindre. Ils sont comme les sommets que vous gravissez lentement mais sûrement, avec détermination et persévérance.

Maintenant, comment identifiez-vous ces objectifs ? Commencez par prendre un moment pour réfléchir à ce que vous voulez vraiment dans la vie. Quelles sont vos aspirations, vos rêves, vos priorités ? Prenez une feuille de papier et écrivez tout ce qui vous vient à l'esprit, sans vous limiter. Laissez votre imagination vagabonder, et notez tout ce qui vous semble important pour votre avenir financier.

Ensuite, triez vos objectifs en fonction de leur échéance : court terme, moyen terme et long terme. Classez-les par ordre d'importance, en tenant compte de vos valeurs, de vos besoins et de vos priorités personnelles. Peut-être que l'achat d'une maison est votre objectif à long terme le plus important, tandis que le remboursement de vos dettes est votre objectif à court terme le plus pressant. Il n'y a pas de bonne ou de mauvaise réponse ; l'important est de trouver ce qui résonne le plus avec vous.

Une fois que vous avez identifié vos objectifs financiers, il est temps de les quantifier. Fixez-vous des montants précis pour chaque objectif, en tenant compte de leur importance et de leur échéance. Par exemple, combien devez-vous économiser pour acheter cette maison de vos rêves ? Combien devez-vous mettre de côté chaque mois pour financer les études de vos enfants ? Plus vos objectifs sont clairs et spécifiques, plus il sera facile de les atteindre.

Enfin, élaborez un plan d'action pour chaque objectif. Déterminez les étapes concrètes que vous devez suivre pour les réaliser, et fixez-vous des échéances réalistes. Par exemple, si vous voulez économiser pour un voyage autour du monde, définissez un budget mensuel à mettre de côté et une date de départ pour votre voyage. Si vous voulez préparer votre retraite, consultez un conseiller financier pour élaborer un plan d'investissement adapté à vos besoins.

Identifier vos objectifs financiers à court, moyen et long terme est la première étape vers la réalisation de vos rêves. C'est comme tracer une carte pour votre voyage financier, en marquant les étapes importantes et en fixant les destinations finales. Avec une vision claire de ce que vous voulez accomplir, vous pouvez naviguer avec confiance sur le chemin de la réussite financière, en surmontant les obstacles et en célébrant les victoires. Alors, prenez votre plume, tracez votre carte et lancez-vous dans l'aventure passionnante de la planification financière!

2 - Comment fixer des objectifs financiers realists

Imaginez-vous sur une plage paisible, les vagues douces caressant le rivage, le soleil d'or brillant dans un ciel azur. C'est là que commence notre exploration pour fixer des objectifs financiers réalistes, comme des voiles prêtes à être hissées pour naviguer vers un avenir financier prometteur. Dans ce chapitre, nous allons plonger dans les eaux calmes de la planification financière et découvrir comment établir des objectifs qui sont à la fois inspirants et réalisables.

Pour commencer, jetons un regard sur vos rêves et vos aspirations. Quels sont vos désirs profonds en matière financière ? Souhaitez-vous acheter une maison, voyager à travers le monde, démarrer votre propre entreprise, ou peut-être prendre votre retraite confortablement ? Prenez un moment pour vous imaginer dans le futur, entouré des fruits de vos efforts financiers, et laissez ces images guider votre réflexion.

Maintenant, prenons ces rêves et traduisons-les en objectifs concrets. Imaginez-vous comme un architecte, dessinant les plans pour votre avenir financier. Décomposez vos aspirations en objectifs à court, moyen et long terme. Par exemple, si vous rêvez d'acheter une maison, votre objectif à court terme pourrait être d'économiser pour le versement initial, tandis que votre objectif à long terme pourrait être de rembourser votre prêt hypothécaire.

Une fois que vous avez identifié vos objectifs, il est temps de leur donner une dimension concrète. Fixez-vous des chiffres précis, des dates limites et des jalons pour chaque objectif. Par exemple, combien devez-vous économiser pour ce versement initial ? Quand voulez-vous réaliser cet objectif ? Plus vos objectifs sont spécifiques et mesurables, plus il sera facile de suivre votre progression et de rester motivé.

Maintenant, passons à la question de la réalisme. Il est important d'être ambitieux dans la poursuite de vos objectifs, mais il est également essentiel d'être réaliste. Regardez votre situation financière actuelle, vos revenus, vos dépenses, vos dettes, et évaluez ce que vous pouvez réellement vous permettre. Soyez honnête avec vous-même sur vos capacités et vos limites.

Une bonne règle à suivre est de vous assurer que vos objectifs sont atteignables avec un effort raisonnable de votre part. Si votre objectif semble trop éloigné ou trop difficile à atteindre, il pourrait être décourageant et vous risquez de perdre votre motivation. Par exemple, si vous gagnez un salaire modeste, l'objectif d'acheter une maison de plusieurs millions d'euros dans un an pourrait être irréaliste.

Une façon de rendre vos objectifs plus réalisables est de les diviser en étapes plus petites et plus gérables. Par exemple, au lieu de viser directement l'achat d'une maison, commencez par économiser pour le paiement initial, puis concentrez-vous sur le remboursement de vos dettes et l'amélioration de votre cote de crédit. En cassant vos objectifs en morceaux plus petits, vous pouvez rendre le processus plus accessible et moins intimidant.

Un autre aspect important de la réalisation des objectifs financiers est d'être flexible. La vie est pleine de rebondissements imprévus, et il est important d'être prêt à ajuster vos plans en fonction des circonstances. Peut-être que vous rencontrez des difficultés financières inattendues, ou peut-être que de nouvelles opportunités se présentent à vous. Restez ouvert au changement et prêt à adapter vos objectifs en conséquence.

Enfin, n'oubliez pas de célébrer vos progrès, aussi petits soient-ils. Chaque pas que vous faites vers la réalisation de vos objectifs mérite d'être célébré. Que ce soit en atteignant un objectif financier, en réalisant une étape importante, ou même en surmontant un obstacle, prenez le temps de reconnaître votre réussite et de vous récompenser pour vos efforts.

En résumé, fixer des objectifs financiers réalistes est une étape cruciale sur le chemin de la réussite financière. En prenant le temps de réfléchir à vos aspirations, de traduire ces rêves en objectifs concrets, et de vous assurer qu'ils sont à la fois ambitieux et réalisables, vous pouvez vous mettre sur la voie du succès. Avec de la patience, de la persévérance et de la détermination, vous pouvez transformer vos rêves en réalité et ouvrir la porte à un avenir financier brillant.

3 - L'importance de l'épargne pour atteindre ses objectifs

Pensez à l'épargne comme à une graine que vous plantez dans le sol fertile de votre jardin financier. Au début, elle est petite et fragile, mais avec le temps, elle germe, grandit et fleurit, vous récompensant avec une abondance de possibilités et de sécurité financière.

Tout d'abord, voyons comment l'épargne peut vous aider à réaliser vos objectifs financiers. Que vous souhaitiez acheter une maison, payer vos études, ou prendre votre retraite, l'épargne est le carburant qui propulse vos rêves vers la réalité. En mettant de l'argent de côté régulièrement, vous créez une réserve financière qui vous permettra de financer vos projets, même les plus ambitieux.

L'épargne vous offre également une tranquillité d'esprit. En ayant un coussin financier en place, vous êtes mieux préparé à faire face aux imprévus de la vie, comme une perte d'emploi, des réparations de voiture inattendues, ou des frais médicaux imprévus. Plutôt que de vous inquiéter constamment de l'avenir, vous pouvez vous sentir plus confiant et plus serein, sachant que vous avez une sécurité financière sur laquelle vous pouvez compter.

En outre, l'épargne vous donne une plus grande liberté et flexibilité dans vos choix de vie. Que vous vouliez changer de carrière, déménager dans une nouvelle ville, ou suivre une passion, avoir des économies en réserve vous donne la liberté de prendre des décisions en fonction de ce qui est le mieux pour vous, plutôt que d'être limité par des contraintes financières.

Maintenant, explorons quelques stratégies pratiques pour épargner efficacement. Tout d'abord, établissez un budget réaliste en identifiant vos revenus et vos dépenses. Cela vous aidera à avoir une vue d'ensemble de votre situation financière et à déterminer combien vous pouvez vous permettre d'épargner chaque mois.

Ensuite, fixez-vous des objectifs d'épargne clairs et mesurables. Que vous visiez à constituer un fonds d'urgence, à verser un acompte pour l'achat d'une maison, ou à épargner pour votre retraite, déterminez des montants spécifiques et des délais pour chaque objectif. Cela vous aidera à rester motivé et à suivre vos progrès au fil du temps.

Une autre stratégie efficace est de payer-vous d'abord. Cela signifie mettre de l'argent de côté dès que vous recevez votre salaire, avant même de payer vos autres dépenses. Automatisez vos épargnes en configurant des virements automatiques depuis votre compte chèques vers votre compte épargne ou votre compte d'investissement. De cette façon, vous ne serez pas tenté de dépenser l'argent avant de l'avoir épargné.

N'oubliez pas de rechercher des moyens d'optimiser vos économies. Comparez les taux d'intérêt offerts par différentes institutions financières et choisissez des comptes d'épargne ou des produits d'investissement qui vous offrent les meilleurs rendements. Lorsque vous économisez, chaque petit supplément compte, alors assurez-vous de faire travailler votre argent aussi dur que possible.

Une autre stratégie efficace est de réduire vos dépenses non essentielles. Identifiez les domaines où vous pouvez couper dans vos dépenses, comme manger au restaurant moins souvent, annuler des abonnements inutilisés, ou opter pour des alternatives moins coûteuses dans votre vie quotidienne. Chaque euro économisé est un euro de plus que vous pouvez ajouter à votre fonds d'épargne.

Enfin, soyez patient et persévérant dans votre démarche d'épargne. La constitution d'une épargne significative prend du temps et de la discipline. Il y aura des hauts et des bas en cours de route, mais restez concentré sur vos objectifs à long terme et continuez à avancer, même si cela signifie progresser lentement. Chaque petit pas que vous faites vous rapproche un peu plus de la réalisation de vos rêves financiers.

En résumé, l'épargne est un pilier fondamental de toute stratégie financière réussie. Elle vous permet de réaliser vos objectifs, de vous offrir une sécurité financière, et de vous donner la liberté de vivre la vie que vous désirez. En adoptant des habitudes d'épargne saines et en étant délibéré dans vos choix financiers, vous pouvez construire un avenir financier solide et épanouissant. Alors, prenez votre pelle, plantez vos graines d'épargne, et regardez-les fleurir dans un magnifique jardin financier.

Chapitre 3: Budget et suivi des dépenses

1 - Élaboration d'un budget personnel

Dans ce chapitre, nous allons explorer l'importance de l'élaboration d'un budget personnel et comment cela peut vous aider à mieux gérer votre argent, de manière simple et accessible.

Imaginez votre budget comme une carte routière qui vous guide à travers les différentes étapes de votre vie financière. C'est un outil puissant qui vous permet de voir où va votre argent, de planifier vos dépenses et d'atteindre vos objectifs avec confiance et clarté.

Tout d'abord, commençons par comprendre ce qu'est un budget personnel. Un budget est essentiellement un plan financier qui répartit vos revenus entre vos dépenses, vos épargnes et vos investissements. C'est une photographie instantanée de votre situation financière, qui vous aide à prendre des décisions éclairées sur la manière dont vous dépensez votre argent.

Pour élaborer un budget personnel, commencez par recenser tous vos revenus. Cela inclut votre salaire, les revenus de location, les revenus d'appoint, ou toute autre source de revenu régulier que vous pourriez avoir. Notez le montant de chaque source de revenu et additionnez-les pour obtenir votre revenu total.

Ensuite, passez en revue vos dépenses mensuelles. Cela comprend tout ce que vous dépensez régulièrement, comme le loyer ou l'hypothèque, les factures d'électricité, d'eau et de gaz, l'alimentation, les frais de transport, les assurances, les dépenses de divertissement, etc. Essayez d'être exhaustif et de noter toutes vos dépenses, même les petites.

Une fois que vous avez recensé vos revenus et vos dépenses, comparez les deux pour voir où va votre argent. Vous pouvez utiliser des outils simples comme une feuille de calcul ou une application de gestion budgétaire pour vous aider à suivre vos finances. L'objectif est de vous assurer que vos dépenses n'excèdent pas vos revenus et que vous pouvez toujours mettre de l'argent de côté pour vos objectifs d'épargne.

Si vous constatez que vos dépenses dépassent vos revenus, c'est peut-être le moment de revoir votre budget et de chercher des moyens de réduire vos dépenses ou d'augmenter vos revenus. Par exemple, vous pourriez envisager de couper dans les dépenses non essentielles, de rechercher des moyens d'économiser sur les factures courantes, ou même de trouver des moyens d'augmenter vos revenus, comme un travail d'appoint ou une promotion au travail.

L'une des clés d'un budget réussi est la discipline. Il est important de suivre régulièrement vos dépenses et de réévaluer votre budget en fonction de vos besoins et de vos objectifs changeants. Vous pouvez planifier des revues mensuelles ou trimestrielles pour passer en revue votre budget, ajuster vos dépenses si nécessaire, et vous assurer que vous restez sur la bonne voie pour atteindre vos objectifs financiers.

Un autre aspect crucial du budget est la priorisation de vos dépenses. Il est important de distinguer entre vos besoins essentiels et vos envies. Les besoins essentiels sont les dépenses nécessaires pour vivre, comme le logement, la nourriture et les services publics, tandis que les envies sont des dépenses facultatives, comme les restaurants, les voyages ou les achats impulsifs. En identifiant vos priorités et en ajustant vos dépenses en conséquence, vous pouvez maximiser l'impact de votre argent et vous rapprocher de vos objectifs financiers.

Enfin, n'oubliez pas d'inclure vos objectifs d'épargne et d'investissement dans votre budget. Que vous épargniez pour un fonds d'urgence, un acompte pour une maison, ou votre retraite, assurez-vous de mettre de l'argent de côté chaque mois pour atteindre ces objectifs. Considérez vos économies comme une dépense fixe, tout aussi importante que vos autres dépenses mensuelles.

En résumé, l'élaboration d'un budget personnel est un élément essentiel de toute stratégie financière réussie. C'est un outil puissant qui vous aide à gérer votre argent de manière responsable, à planifier vos dépenses et à atteindre vos objectifs financiers. En prenant le temps de créer un budget réaliste et en le suivant régulièrement, vous pouvez prendre le contrôle de vos finances et créer une base solide pour un avenir financier prospère et sécurisé. Alors, prenez votre crayon, tracez votre budget, et lancez-vous dans le chemin passionnant de la gestion financière personnelle.

2 - Outils et méthodes pour suivre ses dépenses

Dans cette exploration, nous découvrirons des moyens simples et efficaces de garder une trace de vos dépenses, de comprendre où va votre argent, et d'améliorer votre gestion financière au quotidien.

Imaginez-vous comme un navigateur sur un océan financier, avec vos dépenses comme les étoiles dans le ciel nocturne. En utilisant les bons outils et en appliquant les bonnes méthodes, vous pouvez cartographier votre voyage financier avec clarté et précision, évitant les écueils et naviguant vers des eaux plus prospères.

Tout d'abord, parlons de l'importance de suivre vos dépenses. Comme un marin vérifie régulièrement sa boussole, suivre vos dépenses vous permet de garder le cap sur vos objectifs financiers. Cela vous aide à identifier les tendances de dépenses, à repérer les domaines où vous pourriez économiser, et à prendre des décisions financières éclairées.

Maintenant, explorons quelques outils simples mais puissants pour suivre vos dépenses. Le bon vieux cahier et le stylo peuvent être un excellent point de départ. Notez chaque dépense que vous faites, du café du matin à l'épicerie hebdomadaire, en passant par les factures mensuelles. Cela vous donne une image claire de vos habitudes de dépenses et vous aide à repérer les zones où vous pourriez ajuster votre comportement financier.

Si vous préférez la technologie, il existe une multitude d'applications et de programmes informatiques conçus spécifiquement pour le suivi des dépenses. Des applications comme Mint, YNAB (You Need A Budget), ou PocketGuard vous permettent d'importer automatiquement vos transactions bancaires, de catégoriser vos dépenses, et de visualiser vos habitudes de dépenses sous forme de graphiques et de tableaux. Cela peut rendre le suivi de vos dépenses plus facile et plus pratique, en vous fournissant des données précieuses sur votre comportement financier.

Une autre méthode efficace pour suivre vos dépenses est d'utiliser des enveloppes budgétaires. Cette méthode consiste à allouer une certaine somme d'argent à chaque catégorie de dépenses, comme l'alimentation, le transport, ou les loisirs, et à mettre cet argent dans des enveloppes physiques. Chaque fois que vous devez dépenser de l'argent dans une catégorie particulière, vous utilisez l'argent de l'enveloppe correspondante. Cette méthode vous aide à visualiser vos dépenses de manière tangible et à éviter les dépassements de budget.

Une autre méthode populaire est la règle des 50-30-20. Selon cette règle, vous allouez 50 % de vos revenus à vos besoins essentiels (comme le logement, la nourriture, les factures), 30 % à vos envies (comme les restaurants, les voyages, les loisirs), et 20 % à vos économies et investissements. Cette règle fournit un cadre simple et facile à suivre pour la gestion de vos finances personnelles.

Une fois que vous avez choisi un outil ou une méthode pour suivre vos dépenses, il est temps de passer à l'action. Prenez l'habitude de noter chaque dépense dès qu'elle se produit. Soyez précis et complet, enregistrant même les petites dépenses comme le café à emporter ou les magazines achetés à la caisse. Plus vous êtes diligent dans le suivi de vos dépenses, plus vous aurez une image précise de votre comportement financier.

Ensuite, prenez le temps de passer en revue vos dépenses régulièrement. Cela peut être hebdomadaire, mensuel, ou trimestriel, selon ce qui fonctionne le mieux pour vous. Analysez vos dépenses, identifiez les tendances, et cherchez des moyens d'optimiser votre budget. Peut-être que vous pouvez réduire les dépenses inutiles, renégocier vos contrats de services, ou trouver des alternatives moins chères pour certaines dépenses.

Enfin, utilisez les informations que vous avez recueillies pour ajuster votre budget en conséquence. Si vous constatez que vous dépensez trop dans une certaine catégorie, réduisez cette allocation et réaffectez l'argent à une autre catégorie plus importante. Soyez flexible et ouvert au changement, en ajustant votre budget au fur et à mesure que votre vie et vos priorités changent.

Le suivi des dépenses est un pilier fondamental de toute gestion financière réussie. En gardant une trace de vos dépenses, en utilisant les bons outils et méthodes, vous pouvez mieux comprendre vos habitudes de dépenses, prendre des décisions financières éclairées, et atteindre vos objectifs financiers avec confiance et clarté.

3 - Conseils pour réduire les dépenses superflues

Dans notre exploration de la gestion financière, réduire les dépenses superflues est une étape cruciale pour atteindre l'équilibre financier et réaliser vos objectifs financiers. Nous allons plonger dans des conseils pratiques et accessibles pour vous aider à réduire vos dépenses inutiles, à économiser de l'argent et à vivre plus confortablement avec vos finances.

Imaginez vos dépenses superflues comme des petites fuites dans un bateau. Elles peuvent sembler insignifiantes au début, mais si elles ne sont pas réparées, elles peuvent rapidement faire chavirer votre budget. En identifiant ces fuites et en prenant des mesures pour les corriger, vous pouvez garder votre budget à flot et naviguer vers des eaux financières plus sereines.

Premièrement, commencez par examiner vos dépenses fixes, telles que le loyer ou l'hypothèque, les factures de services publics, les assurances, et les abonnements. Ce sont des dépenses que vous payez régulièrement et qui peuvent représenter une part importante de votre budget. Recherchez des moyens de réduire ces dépenses en comparant les tarifs, en renégociant vos contrats, ou en optant pour des alternatives moins chères.

Ensuite, concentrez-vous sur vos dépenses variables, comme l'alimentation, les sorties, les loisirs, et les achats impulsifs. Ce sont des domaines où vous avez plus de contrôle sur vos dépenses et où de petites économies peuvent s'additionner rapidement. Par exemple, planifiez vos repas à l'avance, utilisez des coupons et des offres spéciales, et évitez les achats impulsifs en faisant une liste de courses et en vous y tenant.

Une autre astuce pour réduire les dépenses superflues est de revoir vos abonnements et services. De nos jours, il est facile de s'abonner à une multitude de services comme les abonnements de streaming, les services de livraison de repas, ou les applications d'entraînement. Passez en revue vos abonnements actuels et identifiez ceux que vous n'utilisez pas ou dont vous pourriez vous passer. En annulant les abonnements inutiles, vous pouvez économiser de l'argent chaque mois.

Une autre source de dépenses superflues peut être les sorties et les divertissements. Bien sûr, il est important de se détendre et de s'amuser, mais cela ne doit pas se faire au détriment de vos finances. Recherchez des alternatives moins coûteuses pour vos activités de loisirs, comme des promenades dans la nature, des pique-niques au parc, ou des soirées cinéma à la maison. Il existe de nombreuses façons de s'amuser sans dépenser une fortune.

Une autre astuce pour réduire les dépenses superflues est de planifier vos achats à l'avance. Avant de faire un achat important, prenez le temps de faire des recherches, de comparer les prix, et de réfléchir à la nécessité réelle de l'achat. Souvent, en attendant un peu, vous pouvez trouver de meilleures offres ou réaliser que l'achat n'est pas vraiment nécessaire.

Enfin, impliquez toute la famille dans votre démarche d'économie. Expliquez à vos enfants l'importance de gérer l'argent avec soin et encouragez-les à participer à la recherche de moyens pour réduire les dépenses. Impliquer toute la famille dans le processus peut rendre l'économie plus amusante et plus motivante, et peut créer des habitudes financières saines qui dureront toute une vie.

Réduire les dépenses superflues est une étape importante sur le chemin de la stabilité financière. En identifiant les domaines où vous pouvez économiser, en prenant des mesures pour réduire vos dépenses, vous pouvez libérer de l'argent pour atteindre vos objectifs financiers et vivre plus confortablement avec vos finances. Alors, prenez le temps d'examiner vos dépenses, d'identifier les fuites dans votre budget, et de prendre des mesures pour les corriger. Avec un peu de planification et de discipline, vous pouvez naviguer vers des eaux financières plus calmes et plus prospères.

Chapitre 4: Gérer ses dettes intelligemment

1 - Analyse des différents types de dettes

Il est crucial de comprendre les différents types de dettes et leur impact sur notre situation financière. Nous allons plonger dans le monde complexe des dettes, en explorant les différentes catégories de dettes et en examinant comment les gérer de manière responsable pour éviter les pièges financiers.

Imaginez les dettes comme des courants marins dans l'océan financier. Certains sont calmes et prévisibles, tandis que d'autres peuvent être tumultueux et dangereux. En comprenant les différentes caractéristiques des dettes, vous pouvez naviguer plus sûrement vers des eaux financières plus saines et plus stables.

Tout d'abord, examinons les dettes à intérêt élevé, telles que les cartes de crédit. Ces dettes sont souvent considérées comme les plus dangereuses car elles ont des taux d'intérêt élevés qui peuvent rapidement s'accumuler et devenir écrasants. Les cartes de crédit peuvent être utiles pour faire des achats à crédit, mais si elles ne sont pas remboursées rapidement, les intérêts peuvent rapidement augmenter, rendant la dette difficile à rembourser.

Ensuite, il y a les dettes à faible intérêt, comme les prêts étudiants ou les prêts automobiles. Bien que ces dettes aient généralement des taux d'intérêt plus bas que les cartes de crédit, elles peuvent quand même représenter un fardeau financier important, surtout si elles sont contractées en grande quantité. Il est important de gérer ces dettes avec prudence et de s'assurer de rembourser régulièrement les mensualités pour éviter les pénalités et les intérêts supplémentaires.

Il existe également des dettes sécurisées, comme les prêts hypothécaires. Ces dettes sont adossées à un actif, comme une maison ou une voiture, ce qui signifie que si vous ne pouvez pas rembourser le prêt, l'actif peut être saisi par le prêteur pour rembourser la dette. Les prêts hypothécaires sont souvent considérés comme des dettes "bonnes" car ils peuvent vous permettre d'acheter un actif précieux, mais il est important de les gérer avec prudence pour éviter les défauts de paiement.

Une autre catégorie de dettes est celle des prêts personnels. Ces dettes sont souvent utilisées pour des dépenses imprévues ou des projets spécifiques, comme des rénovations domiciliaires ou des dépenses médicales. Les prêts personnels peuvent être utiles en cas d'urgence, mais ils peuvent aussi être coûteux en raison de leurs taux d'intérêt souvent plus élevés que ceux des autres types de prêts.

Enfin, il y a les dettes familiales ou amicales, qui sont des prêts entre amis ou membres de la famille. Bien qu'il puisse sembler plus facile d'emprunter de l'argent à des proches, cela peut parfois entraîner des tensions dans les relations si les modalités de remboursement ne sont pas clairement définies. Il est important de traiter les prêts familiaux avec autant de sérieux que les prêts traditionnels et de s'assurer de respecter les accords convenus.

Maintenant que nous avons passé en revue les différents types de dettes, il est important de discuter de quelques stratégies pour les gérer de manière responsable. Tout d'abord, établissez un budget réaliste et identifiez les dettes que vous avez et les montants que vous devez rembourser chaque mois. Cela vous aidera à voir où va votre argent et à planifier vos dépenses en conséquence.

Ensuite, essayez de rembourser vos dettes à intérêt élevé en premier. En concentrant vos efforts sur le remboursement des dettes avec les taux d'intérêt les plus élevés, vous pouvez réduire le montant total d'intérêts que vous paierez à long terme et accélérer le processus de remboursement global.

Une autre stratégie efficace est de consolider vos dettes en regroupant plusieurs dettes en une seule avec un taux d'intérêt plus bas. Cela peut rendre le remboursement des dettes plus gérable en réduisant le nombre de paiements que vous devez effectuer chaque mois et en vous faisant économiser de l'argent sur les intérêts.

Enfin, assurez-vous de toujours payer vos dettes à temps pour éviter les pénalités et les frais supplémentaires. Si vous avez du mal à effectuer vos paiements mensuels, contactez votre créancier dès que possible pour discuter de vos options. De nombreux créanciers sont disposés à travailler avec vous pour trouver des solutions de remboursement adaptées à votre situation financière.

Comprendre les différents types de dettes et apprendre à les gérer de manière responsable est essentiel pour maintenir une santé financière solide. En identifiant les types de dettes que vous avez, en établissant un plan de remboursement réaliste, et en explorant des stratégies pour réduire les intérêts et accélérer le processus de remboursement, vous pouvez naviguer plus sûrement à travers les eaux financières et atteindre vos objectifs financiers à long terme. Alors, prenez le temps d'examiner vos dettes, de planifier votre route vers la liberté financière, et de prendre des mesures pour améliorer votre situation financière dès aujourd'hui.

2 - Stratégies pour rembourser ses dettes efficacement

Rembourser ses dettes peut sembler être un défi intimidant, mais avec les bonnes stratégies et un plan réaliste, il est possible de sortir du gouffre financier et de retrouver une stabilité économique. Nous allons explorer différentes stratégies pour rembourser ses dettes efficacement, en mettant l'accent sur la clarté, la patience et la discipline financière.

Imaginez-vous sur un sentier escarpé, avec les dettes comme des rochers sur votre chemin. Chaque pas que vous faites vers la liberté financière est un pas de plus vers une vie plus sereine et plus stable. Avec les bonnes stratégies en place, vous pouvez surmonter ces obstacles et atteindre vos objectifs financiers.

Tout d'abord, commencez par faire l'inventaire de toutes vos dettes. Cela inclut les cartes de crédit, les prêts étudiants, les prêts automobiles, les prêts personnels, les prêts hypothécaires, et toute autre forme de dette que vous pourriez avoir. Notez le montant total de chaque dette, le taux d'intérêt et les mensualités requises.

Une fois que vous avez une vue d'ensemble de vos dettes, identifiez celles avec les taux d'intérêt les plus élevés. Ce sont celles qui vous coûtent le plus cher en intérêts chaque mois. Concentrez vos efforts de remboursement sur ces dettes à intérêt élevé en priorité. En réduisant ces dettes plus rapidement, vous économiserez de l'argent sur les intérêts à long terme.

Une stratégie efficace pour rembourser ses dettes est la méthode "boule de neige". Cette méthode consiste à commencer par rembourser la plus petite dette en premier, peu importe le taux d'intérêt, tout en continuant à payer le minimum sur les autres dettes. Une fois que la plus petite dette est remboursée, utilisez le montant que vous payiez chaque mois pour cette dette pour ajouter au paiement de la prochaine plus petite dette, et ainsi de suite. Cette méthode crée un effet d'accumulation de la dette remboursée, vous donnant une motivation supplémentaire pour continuer.

Une autre stratégie est la méthode "boule de neige inversée". Avec cette approche, vous commencez par rembourser la plus grande dette en premier, peu importe le taux d'intérêt, tout en continuant à payer le minimum sur les autres dettes. Une fois que la plus grande dette est remboursée, vous utilisez le montant que vous payiez chaque mois pour cette dette pour ajouter au paiement de la prochaine plus grande dette, et ainsi de suite. Cette méthode peut être efficace pour ceux qui préfèrent voir une grande victoire dès le début.

Une autre stratégie est de renégocier les conditions de vos dettes avec vos créanciers. Parfois, les créanciers sont disposés à réduire les taux d'intérêt, à supprimer les frais ou à étendre les délais de paiement si vous rencontrez des difficultés financières. N'hésitez pas à contacter vos créanciers pour discuter de vos options et voir s'il est possible de trouver un arrangement qui vous convient.

Une autre approche est de rechercher des moyens supplémentaires de générer des revenus pour rembourser vos dettes plus rapidement. Cela peut inclure la recherche d'un emploi d'appoint, la vente d'articles non essentiels, ou la prestation de services freelance. Chaque euro supplémentaire que vous pouvez mettre vers le remboursement de vos dettes vous rapproche un peu plus de la liberté financière.

Une autre stratégie efficace est de créer un budget réaliste et de vous y tenir. Identifiez vos dépenses essentielles et trouvez des moyens de réduire les dépenses non essentielles pour libérer plus d'argent pour rembourser vos dettes. Soyez discipliné dans vos habitudes de dépenses et rappelez-vous que chaque euro économisé peut être mis vers le remboursement de vos dettes.

Enfin, soyez patient et persévérant dans votre démarche de remboursement de dettes. Il peut falloir du temps pour rembourser toutes vos dettes, mais chaque paiement que vous effectuez vous rapproche un peu plus de la liberté financière. Soyez fier de chaque petit progrès que vous faites et continuez à avancer, même si cela prend du temps.

Rembourser ses dettes efficacement nécessite de la clarté, de la patience et de la discipline financière. En identifiant vos dettes, en utilisant des stratégies de remboursement intelligentes, et en restant concentré sur vos objectifs financiers à long terme, vous pouvez surmonter les obstacles financiers et construire un avenir financier plus sain et plus stable. Alors, prenez les rênes de votre situation financière, mettez en place un plan de remboursement réaliste, et avancez avec confiance vers la liberté financière.

3 - Comment éviter de s'endetter inutilement

Éviter de s'endetter inutilement est une étape cruciale dans la gestion efficace de ses finances personnelles. Nous allons parler des stratégies simples et pratiques pour éviter de s'endetter de manière excessive, en mettant l'accent sur la prévoyance, la discipline financière et la prise de décisions éclairées.

Imaginez-vous comme un marin naviguant sur un océan financier, avec les dettes comme des rochers cachés sous la surface. En comprenant les dangers potentiels et en prenant des mesures pour les éviter, vous pouvez naviguer plus sûrement vers des eaux plus calmes et plus prospères.

Tout d'abord, il est essentiel d'avoir une vision claire de vos finances et de vos objectifs financiers. Prenez le temps de faire l'inventaire de vos revenus, de vos dépenses et de vos dettes existantes. Identifiez vos priorités financières, comme épargner pour un achat important, rembourser des dettes existantes, ou constituer un fonds d'urgence. Cette clarté vous aidera à prendre des décisions financières plus éclairées et à éviter de vous endetter inutilement.

Une des premières stratégies pour éviter de s'endetter inutilement est de vivre en dessous de ses moyens. Cela signifie dépenser moins que ce que vous gagnez et éviter les achats impulsifs ou excessifs. Adoptez une approche prudente à l'égard de vos dépenses, en distinguant clairement entre vos besoins essentiels et vos désirs superflus. Avant de faire un achat important, prenez le temps de réfléchir à sa nécessité réelle et à son impact sur vos finances à long terme.

Une autre stratégie efficace est d'établir un budget réaliste et de vous y tenir. Identifiez vos dépenses fixes, comme le loyer, les factures de services publics, et les paiements de prêts, et prévoyez un montant raisonnable pour vos dépenses variables, comme l'alimentation, les loisirs, et les sorties. Suivez vos dépenses de près et ajustez votre budget en conséquence pour éviter les dépenses excessives et les surprises financières.

Une autre façon d'éviter de s'endetter inutilement est de planifier vos achats à l'avance. Avant d'acheter quelque chose de cher, prenez le temps de faire des recherches, de comparer les prix, et de réfléchir à la manière dont cet achat s'inscrit dans vos objectifs financiers à long terme. Vous pourriez découvrir que vous pouvez trouver une meilleure affaire ailleurs ou que l'achat n'est pas vraiment nécessaire.

Une autre stratégie efficace est d'éviter d'utiliser des crédits à la consommation de manière excessive. Les cartes de crédit peuvent être des outils utiles pour faire des achats à crédit, mais elles peuvent aussi conduire à des niveaux de dette élevés si elles ne sont pas utilisées avec prudence. Limitez l'utilisation de vos cartes de crédit aux dépenses que vous pouvez rembourser intégralement chaque mois pour éviter les intérêts et les frais supplémentaires.

Envisagez également d'établir un fonds d'urgence pour faire face aux imprévus financiers. Avoir une réserve d'argent disponible en cas de besoin peut vous éviter d'avoir recours à des crédits à la consommation ou à des prêts coûteux en cas d'urgence. Essayez de constituer un fonds d'urgence équivalent à trois à six mois de dépenses courantes pour être prêt à faire face à tout événement imprévu.

Une autre stratégie importante est de planifier vos objectifs financiers à long terme. Que ce soit l'achat d'une maison, la préparation de la retraite, ou l'épargne pour l'éducation de vos enfants, avoir des objectifs financiers clairs peut vous aider à rester concentré sur ce qui est vraiment important pour vous et à éviter les dépenses inutiles qui pourraient compromettre vos objectifs à long terme.

Enfin, restez informé sur les pratiques financières saines et recherchez des conseils professionnels si nécessaire. Éduquez-vous sur les différents types de dettes, les stratégies de remboursement, et les moyens de gérer efficacement vos finances personnelles. N'hésitez pas à consulter des conseillers financiers ou des experts en gestion de la dette si vous avez des questions ou des préoccupations concernant vos finances.

Eviter de s'endetter inutilement nécessite de la prudence, de la discipline et de la planification. En adoptant une approche proactive à l'égard de vos finances, en établissant un budget réaliste, en planifiant vos achats à l'avance, et en restant concentré sur vos objectifs financiers à long terme, vous pouvez éviter les pièges de l'endettement excessif et naviguer vers des eaux plus calmes et plus prospères. Alors, prenez le contrôle de vos finances, soyez prudent dans vos décisions financières, et avancez avec confiance vers une vie financière plus saine et plus équilibrée.

Chapitre 5: Introduction à l'investissement

1 - Comment éviter de s'endetter inutilement

Dans ce chapitre, nous allons parler de l'investissement. L'investissement est un concept puissant qui permet de faire fructifier son argent et de réaliser ses objectifs financiers à long terme. Mais avant de plonger dans les détails, il est essentiel de comprendre les principes de base de l'investissement.

Imaginez-vous comme un jardinier plantant des graines pour récolter des fruits dans le futur. L'investissement fonctionne de manière similaire. Vous investissez votre argent aujourd'hui dans l'espoir qu'il croîtra et prospérera dans le futur. Mais comme tout jardinier le sait, pour que les graines poussent, il faut comprendre les besoins des plantes, choisir les bons endroits pour les planter, et prendre soin d'elles régulièrement.

Tout d'abord, comprenons ce qu'est l'investissement. L'investissement consiste à mettre de l'argent dans des actifs tels que des actions, des obligations, des fonds communs de placement, des biens immobiliers, ou d'autres instruments financiers dans le but de réaliser un profit. En d'autres termes, c'est mettre son argent au travail pour qu'il génère des revenus et se valorise avec le temps.

L'un des principes de base de l'investissement est le risque et le rendement. En général, plus un investissement est risqué, plus le potentiel de rendement est élevé, et inversement. Par exemple, investir dans des actions individuelles peut offrir des rendements élevés, mais comporte également un risque plus élevé de perte. D'un autre côté, les obligations gouvernementales sont considérées comme moins risquées mais offrent généralement des rendements plus faibles.

Un autre principe fondamental est la diversification. Il est souvent dit qu'il ne faut pas mettre tous ses œufs dans le même panier. En diversifiant votre portefeuille d'investissement, c'est-à-dire en répartissant votre argent dans différents types d'actifs et de secteurs, vous réduisez le risque global de votre portefeuille. Si l'une de vos investissements ne performe pas bien, les autres peuvent compenser les pertes.

La durée de l'investissement est également un principe important à considérer. En général, plus votre horizon de placement est long, plus vous pouvez vous permettre de prendre des risques et de bénéficier de la croissance à long terme des marchés financiers. Les investissements à long terme ont tendance à être moins volatils et offrent souvent des rendements plus stables sur le long terme.

Un autre principe crucial est la discipline dans l'investissement. Il est important de rester discipliné et de garder le cap sur vos objectifs financiers, même lorsque les marchés sont volatils. Évitez de prendre des décisions impulsives en réaction aux fluctuations du marché et gardez à l'esprit votre stratégie d'investissement à long terme.

Enfin, la recherche et l'éducation sont des principes essentiels de l'investissement. Avant de placer votre argent dans un actif, prenez le temps de faire des recherches approfondies, de comprendre les risques et les avantages, et d'évaluer si cet investissement correspond à vos objectifs financiers et à votre tolérance au risque. Plus vous en savez sur les investissements, plus vous serez en mesure de prendre des décisions éclairées et de maximiser les rendements de votre portefeuille.

Les principes de base de l'investissement reposent sur la compréhension du risque et du rendement, la diversification, la durée de l'investissement, la discipline et l'éducation. En comprenant et en appliquant ces principes, vous pouvez construire un portefeuille d'investissement solide et réaliser vos objectifs financiers à long terme. Alors, prenez le temps de comprendre les fondamentaux de l'investissement, développez une stratégie d'investissement adaptée à vos besoins et restez discipliné dans votre démarche d'investissement. Avec patience et persévérance, vous pouvez naviguer vers un avenir financier plus prospère et sécurisé.

2 - Évaluation de son profil d'investisseur

Dans cet univers complexe de l'investissement, évaluer son profil d'investisseur est une étape cruciale pour prendre des décisions financières éclairées et adaptées à ses objectifs personnels, sa tolérance au risque et sa situation financière globale. nous allons voir en détail les différentes dimensions à prendre en compte pour évaluer votre profil d'investisseur.

Imaginez-vous comme un explorateur devant choisir un itinéraire pour un voyage épique. Chaque investisseur a son propre itinéraire financier, et évaluer votre profil d'investisseur vous aide à choisir le chemin qui correspond le mieux à vos besoins et à vos préférences.

Tout d'abord, examinons vos objectifs financiers. Qu'est-ce que vous voulez accomplir avec vos investissements ? Voulez-vous épargner pour la retraite, acheter une maison, financer l'éducation de vos enfants, ou simplement augmenter votre patrimoine ? Définir clairement vos objectifs vous permettra d'orienter vos décisions d'investissement dans la bonne direction.

Ensuite, évaluez votre horizon de placement. Cela fait référence à la durée pendant laquelle vous prévoyez de conserver vos investissements avant de les utiliser pour réaliser vos objectifs financiers. Si vous avez un horizon de placement à long terme, vous pouvez vous permettre d'investir dans des actifs plus volatils avec un potentiel de rendement plus élevé. En revanche, si vous avez besoin de liquidités à court terme, vous devriez privilégier des investissements plus stables et moins risqués.

Un autre aspect crucial est votre tolérance au risque. Cela fait référence à votre capacité à supporter les fluctuations de valeur de vos investissements sans céder à la panique. Si vous avez une tolérance au risque élevée, vous pouvez être à l'aise avec des investissements plus volatils et agressifs. En revanche, si vous avez une tolérance au risque faible, vous devriez opter pour des investissements plus stables et moins risqués, même si cela signifie des rendements potentiels plus modestes.

En parallèle, évaluez votre situation financière globale. Prenez en compte vos revenus, vos dépenses, vos actifs et vos passifs. Assurez-vous que vous disposez d'un fonds d'urgence adéquat pour faire face aux imprévus avant de commencer à investir. De plus, assurez-vous de rembourser toute dette à haut taux d'intérêt avant de chercher à investir, car les intérêts sur les dettes peuvent annuler les gains potentiels de vos investissements.

Un autre aspect à considérer est votre connaissance et votre expérience en matière d'investissement. Êtes-vous un novice absolu en matière d'investissement, ou avez-vous une compréhension approfondie des marchés financiers ? Votre niveau de connaissance et d'expérience peut influencer votre propension à prendre des risques et votre capacité à évaluer les opportunités d'investissement.

Enfin, prenez en compte votre attitude envers l'investissement. Êtes-vous confiant dans vos décisions d'investissement, ou préférez-vous laisser la gestion de vos investissements à des professionnels ? Votre attitude envers l'investissement peut influencer le type d'investissements que vous choisissez et la manière dont vous les gérez.

Une fois que vous avez pris en compte ces différents aspects, vous pouvez déterminer votre profil d'investisseur. Les principaux profils d'investisseur incluent les conservateurs, les modérés, les agressifs, et les très agressifs, en fonction de leur tolérance au risque, de leur horizon de placement et de leurs objectifs financiers.

Evaluer son profil d'investisseur est une étape essentielle pour prendre des décisions d'investissement éclairées et adaptées à ses besoins et à sa situation financière. En prenant en compte vos objectifs financiers, votre horizon de placement, votre tolérance au risque, votre situation financière globale, votre connaissance et votre expérience en matière d'investissement, et votre attitude envers l'investissement, vous pouvez déterminer le chemin financier qui vous convient le mieux. Alors, prenez le temps de réfléchir à votre profil d'investisseur et de choisir les investissements qui vous aideront à atteindre vos objectifs financiers à long terme.

3 - Les différentes classes d'actifs: actions, obligations, fonds indiciels, etc

Dans le monde de l'investissement, il existe différentes "classes d'actifs", chacune offrant ses propres caractéristiques, avantages et risques. Comprendre ces différentes classes d'actifs est essentiel pour les investisseurs qui souhaitent diversifier leur portefeuille et atteindre leurs objectifs financiers. nous parlerons des principales classes d'actifs, notamment les actions, les obligations, les fonds indiciels et d'autres options d'investissement, en utilisant un langage simple et accessible pour faciliter la compréhension.

- **Actions (ou actions)** : Les actions représentent une part de propriété dans une entreprise. Lorsque vous achetez des actions d'une entreprise, vous devenez actionnaire de cette entreprise. En tant qu'actionnaire, vous avez droit à une partie des bénéfices de l'entreprise, appelés dividendes, et vous pouvez également bénéficier de l'appréciation de la valeur de l'action au fil du temps. Les actions sont souvent considérées comme des investissements plus risqués car leur valeur peut fluctuer de manière significative en fonction de la performance de l'entreprise et des conditions du marché.

*   **Obligations :** Les obligations sont des titres de créance émis par des gouvernements, des entreprises ou d'autres entités. Lorsque vous achetez une obligation, vous prêtez essentiellement de l'argent à l'émetteur de l'obligation. En retour, l'émetteur s'engage à rembourser le montant emprunté à une date spécifiée, tout en versant des intérêts réguliers, appelés coupons, pendant la durée de vie de l'obligation. Les obligations sont généralement considérées comme des investissements plus stables et moins risqués que les actions, bien qu'elles offrent souvent des rendements plus modestes.

*   **Fonds indiciels :** Les fonds indiciels sont des fonds communs de placement ou des fonds négociés en bourse (FNB) conçus pour suivre la performance d'un indice boursier spécifique, tel que le S&P 500. Plutôt que d'essayer de battre le marché, les fonds indiciels cherchent à reproduire les performances de l'indice sous-jacent en

investissant dans un portefeuille diversifié d'actions ou d'obligations incluses dans l'indice. Les fonds indiciels offrent une diversification instantanée et sont souvent considérés comme des options d'investissement à faible coût et à long terme.

- **Fonds communs de placement :** Les fonds communs de placement sont des pools d'argent gérés professionnellement qui regroupent les investissements de nombreux investisseurs pour acheter une diversité d'actifs, tels que des actions, des obligations, des matières premières, ou d'autres titres. Les fonds communs de placement offrent une diversification instantanée et sont gérés par des gestionnaires de fonds qui prennent des décisions d'investissement en fonction des objectifs du fonds et des conditions du marché.

- **Immobilier :** L'investissement immobilier implique l'achat, la détention et la gestion de biens immobiliers, tels que des maisons, des immeubles d'appartements ou des terrains, dans le but de générer des revenus locatifs ou des plus-values à la revente. L'immobilier peut offrir des rendements attractifs et constituer une diversification efficace pour un portefeuille d'investissement.

- **Matières premières :** Les matières premières comprennent une gamme de produits de base tels que le pétrole, l'or, l'argent, le blé et le maïs. Les investisseurs peuvent acheter des matières premières directement sur les marchés des matières premières ou investir dans des fonds négociés en bourse (FNB) liés à des indices de matières premières.

Chaque classe d'actifs présente ses propres avantages et inconvénients, et la diversification entre différentes classes d'actifs est souvent recommandée pour réduire le risque global d'un portefeuille d'investissement. Il est important que les investisseurs comprennent les caractéristiques de chaque classe d'actifs et qu'ils adaptent leurs choix d'investissement à leurs objectifs financiers, leur tolérance au risque et leur horizon de placement. En comprenant les différentes options d'investissement disponibles, les investisseurs peuvent construire un portefeuille bien équilibré et adapté à leurs besoins individuels.

Chapitre 6: Stratégies d'investissement

1 - Investissement passif vs actif

Dans le domaine de l'investissement, il existe deux approches principales : l'investissement passif et l'investissement actif. Ces deux approches diffèrent dans leur philosophie, leur stratégie et leur méthode de gestion de portefeuille. Explorons les caractéristiques de chacune de ces approches pour mieux comprendre leurs avantages et leurs inconvénients.

Investissement Passif :

Imaginez que vous placez votre argent dans un panier qui suit simplement le marché. Vous ne cherchez pas à choisir les meilleures actions ou à deviner où vont les prix. Au lieu de cela, vous suivez un indice, comme le S&P 500, qui représente une grande partie du marché boursier. C'est ce qu'on appelle l'investissement passif.

L'idée derrière l'investissement passif est de simplement investir dans le marché dans son ensemble et de laisser le temps et la croissance naturelle des entreprises faire leur travail. Pour ce faire, vous pouvez acheter des fonds indiciels ou des ETF (fonds négociés en bourse) qui suivent cet indice.

L'investissement passif est souvent comparé à l'idée de "laisser faire". Vous n'avez pas besoin de passer beaucoup de temps à étudier les entreprises individuelles ou à essayer de deviner les tendances du marché. Vous investissez simplement et laissez le marché travailler pour vous.

Investissement Actif :

Maintenant, imaginez que vous soyez comme un capitaine de navire, naviguant sur les mers changeantes du marché boursier. Avec l'investissement actif, vous cherchez activement à choisir les meilleures actions, à acheter et à vendre en fonction des informations que vous avez sur le marché.

Les investisseurs actifs passent souvent beaucoup de temps à analyser les entreprises, à suivre les nouvelles économiques et à surveiller de près les mouvements du marché. Ils essaient de battre le marché en identifiant les actions qui pourraient surperformer ou en évitant celles qui pourraient sous-performer.

L'investissement actif est souvent associé à une approche plus "mains sur le volant". Vous prenez des décisions de manière proactive et vous ajustez votre portefeuille en fonction des changements que vous percevez sur le marché.

Maintenant, examinons les avantages et les inconvénients de chaque approche :

Investissement Passif :

Avantages :
- Faibles frais : Les fonds indiciels et les ETF ont généralement des frais de gestion très bas.

- Diversification : Vous investissez dans l'ensemble du marché, ce qui réduit le risque de perdre beaucoup d'argent sur une seule action.

- Facilité : Pas besoin de beaucoup de connaissances ou de temps pour investir de manière passive.

Inconvénients :

- Rendements modérés : Vous ne cherchez pas à battre le marché, donc les rendements peuvent être plus modestes.

- Aucune implication dans la sélection des actions : Vous n'avez pas de contrôle direct sur les entreprises dans lesquelles vous investissez.

Investissement Actif :

Avantages :
- Potentiel de rendements élevés : Si vous choisissez les bonnes actions, vous pouvez obtenir des rendements plus élevés que le marché dans son ensemble.

- Contrôle : Vous avez le contrôle total sur les actions que vous choisissez et sur la façon dont vous gérez votre portefeuille.

Inconvénients :
- Frais plus élevés : Les transactions fréquentes peuvent entraîner des frais plus élevés.

- Temps et connaissances nécessaires : Vous devez passer beaucoup de temps à analyser le marché et les entreprises.

En fin de compte, le choix entre l'investissement passif et l'investissement actif dépend de vos préférences personnelles, de votre tolérance au risque et de votre situation financière. Pour les débutants, l'investissement passif est souvent recommandé car il est simple, peu coûteux et offre une exposition instantanée au marché.

Cependant, certains investisseurs préfèrent l'excitation et le contrôle que procure l'investissement actif. Dans ce cas, il est important d'être prêt à consacrer du temps et des efforts à la recherche et à la gestion de votre portefeuille.

Quelle que soit votre approche, n'oubliez pas que l'investissement est un voyage à long terme. Il est important de rester discipliné, de diversifier votre portefeuille et de prendre des décisions éclairées en fonction de vos objectifs financiers.

2 - La méthode Dollar-Cost Averaging

Imaginez que vous souhaitiez investir de l'argent dans le marché boursier, mais vous ne savez pas trop par où commencer. Vous avez entendu parler de différentes stratégies d'investissement, mais celle qui semble particulièrement intéressante est la méthode du Dollar-Cost Averaging, ou DCA en anglais. Cette méthode est simple à comprendre et peut être très efficace, même pour les débutants en investissement.

Qu'est-ce que la méthode Dollar-Cost Averaging ?

Le Dollar-Cost Averaging (DCA) est une stratégie d'investissement qui consiste à investir une somme fixe d'argent à intervalles réguliers, quelle que soit la fluctuation du marché. En d'autres termes, au lieu d'investir une grosse somme d'argent en une seule fois, vous investissez de petites sommes à des intervalles prédéterminés, comme chaque mois ou chaque trimestre.

Comment fonctionne le Dollar-Cost Averaging ?

Prenons un exemple pour mieux comprendre. Supposons que vous décidiez d'investir 100 euros par mois dans un fonds indiciel qui suit le S&P 500, un indice boursier américain. Au cours du premier mois, le prix par action du fonds est de 10 euros. Avec vos 100 euros, vous achetez donc 10 actions.

Le mois suivant, le prix par action chute à 8 euros en raison de fluctuations du marché. Avec vos 100 euros, vous pouvez maintenant acheter 12,5 actions. Et ainsi de suite pour les mois suivants, quel que soit le prix des actions.

Pourquoi le Dollar-Cost Averaging est-il efficace ?

Le principal avantage du Dollar-Cost Averaging est qu'il vous permet de lisser le coût d'achat de vos actions au fil du temps. En investissant régulièrement, vous achetez des actions à différents prix, certains élevés et d'autres bas. Cela réduit le risque d'acheter toutes vos actions à un prix élevé juste avant une baisse du marché.

De plus, le DCA vous permet de ne pas avoir à essayer de chronométrer le marché. Il est difficile de prévoir quand le marché sera haut ou bas, et le DCA vous libère de ce stress en vous encourageant à investir régulièrement, quels que soient les mouvements du marché.

Quels sont les avantages du Dollar-Cost Averaging ?

1. **Facile à mettre en œuvre :** Le DCA est une stratégie simple à comprendre et à mettre en œuvre. Il suffit de définir un montant que vous pouvez investir régulièrement et de le faire automatiquement chaque mois.

2. **Réduction du risque :** En investissant régulièrement, vous réduisez le risque d'acheter toutes vos actions à un prix élevé. Vous lissez vos coûts d'achat au fil du temps.

3. **Discipline :** Le DCA encourage la discipline d'investissement en vous incitant à investir régulièrement, quelles que soient les conditions du marché.

4. **Gestion des émotions :** En investissant de manière régulière et automatique, vous évitez d'être influencé par les émotions et les fluctuations du marché.

Y a-t-il des inconvénients au Dollar-Cost Averaging ?

Bien que le DCA présente de nombreux avantages, il existe également des limites à cette stratégie. Par exemple, si le marché est en plein essor, vous pourriez manquer certaines opportunités en investissant toujours le même montant chaque mois, même si le prix des actions augmente.

De plus, le DCA peut ne pas convenir à tous les types d'investisseurs ou à toutes les situations de marché. Certains investisseurs préfèrent adopter une approche plus active et chercher activement les opportunités d'investissement.

En conclusion :

Le Dollar-Cost Averaging est une stratégie d'investissement simple et efficace, particulièrement adaptée aux débutants en investissement. En investissant régulièrement et automatiquement, vous pouvez lisser vos coûts d'achat, réduire le risque et développer une discipline d'investissement à long terme. Cependant, comme pour toute stratégie d'investissement, il est important de bien comprendre ses avantages et ses limites, et de l'adapter à vos objectifs financiers personnels.

3 - L'importance de la patience et de la discipline en investissement

Ah, l'importance de la patience et de la discipline en investissement ! C'est un sujet crucial à comprendre pour les débutants qui se lancent dans le monde parfois complexe de la finance. Imaginez-vous comme un jardinier qui plante des graines et attend patiemment qu'elles poussent pour récolter les fruits de son travail. De la même manière, l'investissement demande du temps, de la patience et de la discipline pour porter ses fruits. Explorons ensemble pourquoi ces qualités sont si importantes dans le monde de l'investissement.

La Patience : Un Atout Majeur

La patience est une vertu essentielle en investissement. En effet, les investissements les plus fructueux sont souvent ceux qui s'inscrivent dans la durée. Il est rare de devenir riche du jour au lendemain en investissant en bourse ou dans d'autres actifs. Cela demande du temps et de la persévérance. Pensez à la croissance d'un arbre : il a besoin de temps pour s'enraciner, grandir et produire des fruits.

De même, vos investissements ont besoin de temps pour croître et générer des rendements intéressants. Il est donc important d'adopter une perspective à long terme et de ne pas s'attendre à des résultats immédiats.

Les Résultats de la Discipline

La discipline est un autre pilier essentiel de l'investissement réussi. Elle consiste à rester fidèle à votre stratégie d'investissement, même lorsque le marché est volatil ou que les choses ne se passent pas comme prévu. Il est tentant de céder à la panique lorsque les cours chutent ou de devenir trop euphorique lorsque les marchés sont en hausse.
Cependant, la discipline vous permet de rester calme et de prendre des décisions rationnelles plutôt qu'émotionnelles. Elle vous aide à respecter votre plan d'investissement et à éviter les erreurs coûteuses, comme vendre au plus bas ou acheter au plus haut.

La Puissance de la Croissance Progressive

Un aspect clé de la patience et de la discipline en investissement est la notion de croissance progressive. Imaginez que vous mettiez de côté une petite partie de vos revenus chaque mois pour investir dans un portefeuille diversifié. Au fil du temps, ces petits investissements réguliers peuvent se multiplier et se transformer en un capital substantiel.

C'est comme construire une maison : un briquet à la fois. Chaque investissement que vous faites contribue à la croissance de votre patrimoine financier, mais cela demande du temps et de la patience pour voir les résultats à long terme.

Éviter les Pièges de l'Impatience et de l'Indiscipline

L'impulsion d'agir rapidement peut être tentante, surtout dans un monde où les informations financières circulent rapidement et où les marchés peuvent être volatils. Cependant, l'impulsivité peut souvent mener à des décisions précipitées et à des pertes financières.

De même, le manque de discipline peut entraîner des comportements risqués, comme l'achat d'actions sur un coup de tête ou l'ignorance des principes de diversification. C'est pourquoi il est crucial de rester fidèle à votre stratégie d'investissement et de ne pas être influencé par les fluctuations à court terme du marché.

Les Récompenses de la Patience et de la Discipline

En fin de compte, la patience et la discipline sont récompensées en investissement. Ceux qui sont capables d'adopter une perspective à long terme et de rester disciplinés dans l'exécution de leur plan d'investissement ont de bien meilleures chances de réussir à long terme.

Pensez à la célèbre fable de la tortue et du lièvre : c'est la tortue, avec sa persévérance et sa régularité, qui remporte finalement la course. De même, ce sont souvent les investisseurs patients et disciplinés qui atteignent leurs objectifs financiers à long terme.

Conclusion : En somme, la patience et la discipline sont les piliers sur lesquels repose un investissement solide et réussi. En adoptant une approche à long terme, en restant fidèle à votre plan d'investissement et en évitant les pièges de l'impulsivité, vous augmentez vos chances de succès financier. Alors,

prenez votre temps, soyez patient et restez discipliné
- les récompenses en valent la peine.

Chapitre 7: Planification de la retraite

1 - Calcul des besoins de retraite

La planification de la retraite est une étape cruciale dans la gestion de vos finances personnelles. Il s'agit de déterminer combien d'argent vous devrez avoir économisé pour vivre confortablement lorsque vous ne travaillerez plus. Pour beaucoup, cela peut sembler être un défi intimidant, mais avec quelques notions simples, vous pouvez aborder cette étape avec confiance.

Pourquoi est-il important de calculer vos besoins de retraite ?

La première question à se poser est : pourquoi avez-vous besoin de calculer vos besoins de retraite ? La réponse est simple : afin de vous assurer que vous disposez des fonds nécessaires pour maintenir votre qualité de vie une fois que vous aurez cessé de travailler. Cela inclut la couverture de vos dépenses courantes, telles que le logement, la nourriture, les services publics, les soins de santé et les loisirs.

Comment calculer vos besoins de retraite ?

1. **Estimation de vos dépenses annuelles :** La première étape consiste à estimer vos dépenses annuelles une fois que vous serez à la retraite. Pour ce faire, commencez par examiner vos dépenses actuelles et pensez à celles qui pourraient changer une fois que vous serez retraité. Par exemple, vous pourriez économiser sur les frais de déplacement liés au travail, mais vos dépenses de loisirs pourraient augmenter.

2. **Estimation de la durée de votre retraite :** Ensuite, essayez d'estimer combien d'années votre retraite pourrait durer. Cela dépend de plusieurs facteurs, notamment votre âge actuel, votre espérance de vie attendue et votre état de santé général.

3. **Facteurs d'inflation et de croissance :** Il est important de tenir compte de l'inflation et de la croissance de vos dépenses au fil du temps. Les coûts de la vie augmentent généralement avec l'inflation, il est donc crucial d'ajuster vos besoins en fonction de ces facteurs.

4. **Pension et sécurité sociale :** Si vous êtes admissible à une pension d'entreprise ou à des prestations de sécurité sociale, prenez-les en compte dans vos calculs. Ces revenus peuvent aider à compléter vos besoins financiers à la retraite.

Exemple pratique :

Imaginons que vous estimez vos dépenses annuelles à 30 000 euros une fois à la retraite, et que vous prévoyez vivre encore pendant 20 ans après avoir cessé de travailler. Vous devez également tenir compte d'un taux d'inflation annuel moyen de 2 %.

- Premièrement, multipliez vos dépenses annuelles estimées (30 000 euros) par le nombre d'années de retraite (20 ans). Cela donne un total de 600 000 euros pour couvrir vos dépenses de retraite.

- Deuxièmement, tenez compte de l'inflation. Utilisez une formule de calcul de l'inflation pour estimer combien vos dépenses augmenteront chaque année en raison de l'inflation. Ajoutez ces augmentations à vos dépenses annuelles pour chaque année de votre retraite.

Conclusion : Calculer vos besoins de retraite peut sembler complexe, mais c'est une étape importante pour assurer votre sécurité financière à long terme. En prenant le temps d'estimer vos dépenses futures et de tenir compte de facteurs tels que l'inflation et la durée de votre retraite, vous pouvez mieux préparer votre avenir financier et profiter de vos années de retraite en toute tranquillité d'esprit. N'hésitez pas à consulter un conseiller financier si vous avez des questions ou des préoccupations concernant votre planification de la retraite.

2 - Les différents véhicules de placement pour la retraite (REER, CELI, etc.)

La planification de la retraite implique non seulement de comprendre combien vous devez économiser, mais aussi où placer cet argent pour qu'il fructifie. Il existe plusieurs véhicules de placement conçus spécifiquement pour la retraite, chacun avec ses avantages et ses caractéristiques uniques. Explorons les principaux : le REER, le CELI et d'autres options, dans un langage simple et accessible.

1. REER (Régime enregistré d'épargne-retraite) :

Le REER est l'un des outils de placement les plus populaires pour la retraite au Canada. Il offre plusieurs avantages fiscaux, notamment la possibilité de déduire vos cotisations de votre revenu imposable chaque année, ce qui réduit votre impôt à payer. Les fonds que vous placez dans un REER peuvent être investis dans une variété d'actifs, tels que des actions, des obligations, des fonds communs de placement et plus encore. De plus, les gains réalisés dans un REER ne sont pas imposables tant qu'ils restent dans le compte.

2. CELI (Compte d'épargne libre d'impôt) :

Le CELI est un autre véhicule d'investissement populaire pour la retraite. Contrairement au REER, les cotisations versées dans un CELI ne sont pas déductibles d'impôt, mais les gains réalisés à l'intérieur du compte sont entièrement exempts d'impôt, même au moment du retrait. Cela offre une flexibilité significative, car vous pouvez retirer de l'argent à tout moment sans payer d'impôt, ce qui en fait un excellent choix pour les objectifs à court et à long terme, y compris la retraite.

3. REEE (Régime enregistré d'épargne-études) :

Bien que le REEE soit conçu principalement pour l'épargne-études des enfants, il peut également être utilisé comme un véhicule d'investissement pour la retraite si vous souhaitez maximiser vos options d'épargne à long terme. Les cotisations versées dans un REEE ne sont pas déductibles d'impôt, mais les gains accumulés à l'intérieur du compte sont reportés jusqu'au moment du retrait pour financer les études postsecondaires.

4. Fonds de pension d'entreprise :

De nombreux employeurs offrent des régimes de retraite d'entreprise, tels que les régimes de pension à cotisations déterminées ou à prestations déterminées. Ces régimes permettent aux employés de cotiser à un fonds de pension géré par l'employeur, qui investit les cotisations dans divers instruments financiers. À la retraite, les employés peuvent recevoir des paiements réguliers basés sur leur participation au régime.

5. Comptes de courtage ordinaires :

En dehors des comptes enregistrés comme le REER et le CELI, vous pouvez également investir dans un compte de courtage ordinaire. Bien que les gains réalisés dans ces comptes soient imposables, ils offrent une flexibilité totale en termes de retraits et d'investissements, ce qui peut être utile si vous avez atteint vos limites de cotisation pour les comptes enregistrés.

Conclusion : Choisir le bon véhicule de placement pour votre retraite dépend de divers facteurs, tels que votre situation financière, vos objectifs à long terme et votre tolérance au risque. Il est recommandé de consulter un conseiller financier pour vous aider à élaborer une stratégie de placement adaptée à vos besoins spécifiques. En planifiant judicieusement et en utilisant les bons véhicules de placement, vous pouvez vous assurer une retraite confortable et sécurisée.

3 - Conseils pour maximiser son épargne-retraite

Planifier et maximiser son épargne-retraite est crucial pour assurer une retraite confortable et sans souci. Voici quelques conseils simples et pratiques pour vous aider à atteindre cet objectif :

1. Commencer tôt :

L'un des meilleurs conseils pour maximiser votre épargne-retraite est de commencer dès que possible. Même de petites sommes épargnées tôt dans la vie peuvent se transformer en une somme considérable grâce à la magie des intérêts composés. En commençant tôt, vous donnez à votre argent plus de temps pour croître.

2. Établir un budget :

Établir un budget est essentiel pour comprendre où va votre argent et où vous pouvez économiser. Identifiez vos revenus et vos dépenses mensuelles, puis déterminez combien vous pouvez épargner pour la retraite chaque mois. Un budget vous aide à contrôler vos dépenses et à maximiser vos économies.

3. Automatiser vos épargnes :

Automatisez vos contributions à votre compte d'épargne-retraite. Configurez des virements automatiques depuis votre compte bancaire vers votre compte de retraite chaque mois. Cela vous assure de mettre de côté de l'argent régulièrement, sans avoir à y penser activement.

4. Profiter des plans d'employeur :

Si votre employeur propose un régime de retraite d'entreprise ou un programme de cotisation de contrepartie, profitez-en au maximum. Les cotisations de l'employeur sont essentiellement de l'argent gratuit qui peut considérablement augmenter votre épargne-retraite.

5. Utiliser les comptes d'épargne-retraite appropriés :

Investissez dans des comptes d'épargne-retraite appropriés comme le REER (Régime enregistré d'épargne-retraite) ou le CELI (Compte d'épargne libre d'impôt). Ces comptes offrent des avantages fiscaux qui peuvent aider à maximiser vos économies à long terme.

6. Diversifier vos investissements :

Diversifiez vos investissements pour réduire le risque et maximiser les rendements potentiels. Investissez dans une variété d'actifs tels que des actions, des obligations, des fonds indiciels et des fonds négociés en bourse (FNB). La diversification peut aider à atténuer les fluctuations du marché et à protéger votre épargne-retraite.

7. Réévaluer périodiquement votre plan :

Il est important de réévaluer régulièrement votre plan d'épargne-retraite pour vous assurer qu'il reste aligné sur vos objectifs et votre situation financière.

Ajustez vos contributions si nécessaire et adaptez votre plan en fonction des changements de votre vie ou du marché financier.

8. Éviter les dépenses inutiles :

Évitez les dépenses inutiles et recherchez des moyens d'économiser de l'argent au quotidien. Cela peut inclure la réduction des frais récurrents, la comparaison des prix avant d'acheter, ou encore la réduction des sorties et des achats impulsifs.

9. Éduquer continuellement :

Continuez à vous éduquer sur la planification financière et les options d'investissement. Plus vous en savez, plus vous serez en mesure de prendre des décisions éclairées et de maximiser vos économies pour la retraite.

Conclusion :Maximiser son épargne-retraite nécessite un engagement, de la discipline et une planification judicieuse. En suivant ces conseils simples, vous pouvez prendre le contrôle de votre avenir financier et vous assurer une retraite confortable et sécurisée. N'oubliez pas de consulter un professionnel de la finance si vous avez des questions ou des préoccupations spécifiques à votre situation.

Chapitre 8: Gestion des risques

1 - Assurance-vie, assurance maladie, assurance habitation: ce qu'il faut savoir

Comprendre les différentes formes d'assurance telles que l'assurance-vie, l'assurance maladie et l'assurance habitation est essentiel pour protéger ses finances et sa sécurité. Explorons ce qu'il faut savoir sur ces types d'assurance dans un langage simple et accessible :

Assurance-vie :

- L'assurance-vie est conçue pour protéger financièrement vos proches en cas de décès. Voici ce qu'il faut savoir :

Fonctionnement :

- Vous payez des primes régulières à l'assureur.

- En cas de décès pendant la période couverte par la police, l'assureur verse un capital ou une rente à vos bénéficiaires désignés.

Types d'assurance-vie :

- **Assurance-vie temporaire :** Couverture pour une période déterminée.

- **Assurance-vie permanente :** Couverture pour toute votre vie.

- **Assurance-vie universelle :** Combinaison d'assurance-vie et d'investissement.

Avantages :

- Protège financièrement votre famille en cas de décès prématuré.

- Peut être utilisée comme un outil d'investissement dans le cas de l'assurance-vie universelle.

Points à considérer :

- Évaluez vos besoins en assurance en fonction de votre situation familiale et financière.

- Comparez les primes, les prestations et les conditions de différentes polices d'assurance.

Assurance maladie :

- L'assurance maladie est conçue pour couvrir les dépenses médicales en cas de maladie ou de blessure. Voici ce qu'il faut savoir :

Fonctionnement :

- Vous payez des primes régulières à l'assureur ou à un organisme public.

- En cas de besoin médical, l'assurance couvre une partie ou la totalité des frais médicaux selon les termes du contrat.

Types d'assurance maladie :

- **Assurance maladie privée :** Fournie par des compagnies d'assurance privées.

- **Assurance maladie publique :** Fournie par le gouvernement dans certains pays.

Avantages :

- Accès aux soins de santé sans devoir supporter intégralement les coûts.

- Peut inclure une gamme de services médicaux, y compris les médicaments, les visites chez le médecin, et les soins hospitaliers.

Points à considérer :

- Vérifiez la couverture offerte par votre employeur ou par le gouvernement.

- Comparez les coûts des primes, les franchises et les limites de couverture.

Assurance habitation :

- L'assurance habitation protège votre maison et vos biens contre les dommages et les pertes. Voici ce qu'il faut savoir :

Fonctionnement :

- Vous payez des primes régulières à l'assureur.

- En cas de sinistre, comme un incendie ou un vol, l'assurance couvre les coûts de réparation ou de remplacement.

Types d'assurance habitation :

- **Assurance habitation de base :** Couvre les dommages structurels de base.

- **Assurance habitation étendue :** Couvre les dommages structurels et une gamme de biens personnels.

- **Assurance habitation tous risques :** Couverture la plus complète, incluant une protection contre la plupart des risques, sauf ceux explicitement exclus.

Avantages :

- Protège votre investissement le plus précieux : votre maison.

- Peut couvrir également vos biens personnels, comme les meubles, les vêtements et les appareils électroniques.

Points à considérer :

- Évaluez la valeur de votre maison et de vos biens pour déterminer le niveau de couverture nécessaire.

- Vérifiez les exclusions et les limitations de la police, et ajoutez des couvertures supplémentaires si nécessaire.

Conclusion :Comprendre l'assurance-vie, l'assurance maladie et l'assurance habitation est essentiel pour protéger vos finances, votre santé et votre maison. Assurez-vous de choisir les types et les niveaux de couverture qui répondent le mieux à vos besoins et à votre situation. N'hésitez pas à consulter un professionnel de l'assurance pour obtenir des conseils personnalisés et vous assurer que vous êtes bien protégé.

2 - Les différentes formes de protection financière

Comprendre les différentes formes de protection financière est essentiel pour assurer la sécurité de vos finances personnelles et de votre avenir. Voici un guide simple et accessible pour explorer les diverses formes de protection financière :

1. Assurance-vie :

L'assurance-vie est une forme de protection financière qui garantit une prestation à vos bénéficiaires désignés en cas de décès. Voici ce qu'il faut savoir :

- **Fonctionnement** : Vous payez des primes régulières à l'assureur, qui promet de verser un montant spécifique à vos bénéficiaires lorsque vous décédez.

- **Types d'assurance-vie** : Temporaire, permanente, universelle, etc.

- **Avantages** : Protège financièrement votre famille en cas de décès prématuré, peut également servir d'outil d'investissement.

2. Assurance maladie :

L'assurance maladie est conçue pour couvrir les frais médicaux en cas de maladie ou de blessure. Voici ce qu'il faut savoir :

- **Fonctionnement** : Vous payez des primes régulières à l'assureur ou au gouvernement, qui couvre une partie ou la totalité des frais médicaux en cas de besoin.

- **Types d'assurance maladie** : Privée, publique, individuelle, collective, etc.

- **Avantages** : Accès aux soins de santé sans supporter intégralement les coûts.

3. Assurance habitation :

L'assurance habitation protège votre maison et vos biens contre les dommages et les pertes. Voici ce qu'il faut savoir :

- **Fonctionnement** : Vous payez des primes régulières à l'assureur, qui couvre les coûts de réparation ou de remplacement en cas de sinistre.

- **Types d'assurance habitation** : De base, étendue, tous risques, etc.

- **Avantages** : Protège votre maison et vos biens contre divers risques tels que les incendies, les vols et les dégâts d'eau.

4. Assurance automobile :

L'assurance automobile couvre les dommages causés à votre véhicule et à d'autres véhicules en cas d'accident. Voici ce qu'il faut savoir :

- **Fonctionnement** : Vous payez des primes régulières à l'assureur, qui couvre les coûts de réparation ou de remplacement en cas d'accident.

- **Types d'assurance automobile** : Responsabilité civile, collision, complète, etc.

- **Avantages** : Protège financièrement contre les coûts élevés associés aux accidents de voiture.

5. Assurance invalidité :

L'assurance invalidité offre une protection financière si vous êtes incapable de travailler en raison d'une invalidité. Voici ce qu'il faut savoir :

- **Fonctionnement :** Vous payez des primes régulières à l'assureur, qui verse des prestations mensuelles en cas d'invalidité.

- **Types d'assurance invalidité :** Courte durée, longue durée, individuelle, collective, etc.

- **Avantages :** Remplace une partie de votre revenu perdu en cas d'invalidité, protégeant ainsi votre style de vie et vos finances.

Conclusion : Comprendre les différentes formes de protection financière est essentiel pour assurer votre sécurité financière et celle de votre famille. En choisissant les bons types et niveaux de couverture, vous pouvez vous protéger contre les imprévus et assurer un avenir plus sûr et plus stable. N'oubliez pas de comparer les options d'assurance, de lire attentivement les termes des polices et de consulter un professionnel de l'assurance si nécessaire pour prendre des décisions éclairées.

3 - Comment se prémunir contre les risques financiers

Se prémunir contre les risques financiers est crucial pour assurer la sécurité et la stabilité de nos finances personnelles. Que vous soyez confronté à des dépenses imprévues, à une perte d'emploi ou à d'autres difficultés financières, prendre des mesures pour atténuer ces risques peut vous aider à faire face aux défis avec confiance. Voici quelques conseils simples et accessibles pour vous aider à vous prémunir contre les risques financiers :

1. Constituer un fonds d'urgence :

Constituer un fonds d'urgence est l'une des premières étapes pour se prémunir contre les risques financiers. Ce fonds devrait couvrir environ trois à six mois de dépenses essentielles telles que le loyer, les factures de services publics, la nourriture et les dépenses médicales. En ayant un fonds d'urgence en place, vous serez mieux préparé à faire face à des dépenses imprévues ou à des périodes de chômage.

2. Souscrire à des assurances adéquates :

Souscrire à des assurances adéquates est essentiel pour se protéger contre les risques financiers majeurs. Cela inclut l'assurance maladie, l'assurance habitation, l'assurance automobile et l'assurance-vie. En évaluant vos besoins et en choisissant les bonnes polices d'assurance, vous pouvez vous prémunir contre les coûts élevés associés aux maladies, aux accidents, aux sinistres et aux pertes financières.

3. Diversifier ses investissements :

Diversifier ses investissements est une stratégie clé pour atténuer les risques financiers. En répartissant vos investissements dans différentes classes d'actifs telles que les actions, les obligations, l'immobilier et les fonds indiciels, vous réduisez votre exposition à tout risque spécifique. Si un secteur de votre portefeuille performe mal, les gains dans d'autres secteurs peuvent compenser les pertes.

4. Éviter les dettes inutiles :

Éviter les dettes inutiles est un autre moyen de se prémunir contre les risques financiers. Limitez vos emprunts aux dépenses essentielles et évitez les crédits à la consommation à haut taux d'intérêt autant que possible. Réduire votre endettement vous permet de mieux faire face aux fluctuations économiques et de maintenir une santé financière solide.

5. Planifier pour la retraite :

Planifier pour la retraite est un aspect important de la prévoyance financière à long terme. Commencez à épargner tôt pour la retraite et profitez des comptes d'épargne-retraite tels que les REER (Régimes enregistrés d'épargne-retraite) et les CELI (Comptes d'épargne libre d'impôt). En planifiant et en épargnant régulièrement, vous vous assurez une retraite confortable et sécurisée.

6. Cultiver des compétences financières :

Cultiver des compétences financières solides est essentiel pour prendre des décisions éclairées et se prémunir contre les risques financiers. Apprenez à gérer un budget, à investir judicieusement, à lire les termes des contrats d'assurance et à planifier votre avenir financier. Plus vous comprenez les principes de base de la gestion financière, mieux vous pourrez vous protéger contre les imprévus.

Conclusion :Se prémunir contre les risques financiers demande une combinaison de prévoyance, de planification et d'éducation financière. En constituant un fonds d'urgence, en souscrivant à des assurances adéquates, en diversifiant vos investissements, en évitant les dettes inutiles, en planifiant pour la retraite et en cultivant des compétences financières, vous pouvez renforcer votre stabilité financière et faire face aux défis avec confiance. N'hésitez pas à consulter des professionnels de la finance pour obtenir des conseils personnalisés et adaptés à votre situation.

Chapitre 9: Investir en période de crise

1 - Stratégies d'investissement pendant les périodes de volatilité

Investir pendant les périodes de volatilité peut être délicat, mais avec les bonnes stratégies, il est possible de naviguer avec succès à travers ces moments d'incertitude sur les marchés financiers. Voici quelques conseils simples et accessibles pour vous aider à élaborer des stratégies d'investissement pendant les périodes de volatilité :

1. Garder la tête froide :

Lorsque les marchés deviennent volatils, il est facile de céder à la panique. Cependant, il est crucial de garder la tête froide et de ne pas prendre de décisions impulsives. Évitez de réagir de manière excessive aux fluctuations du marché et prenez des décisions réfléchies basées sur des informations objectives plutôt que sur des émotions.

2. Diversifier son portefeuille :

La diversification est l'une des stratégies les plus efficaces pour atténuer les risques pendant les périodes de volatilité. Répartissez vos investissements dans différentes classes d'actifs, secteurs économiques et régions géographiques. Cela peut aider à réduire votre exposition à un risque spécifique et à stabiliser les rendements de votre portefeuille global.

3. Investir régulièrement :

Une approche d'investissement régulier, également connue sous le nom de dollar-cost averaging, consiste à investir des montants fixes à intervalles réguliers, quel que soit l'état du marché. Cette stratégie vous permet d'acheter plus d'actions lorsque les prix sont bas et moins lorsque les prix sont élevés, ce qui peut lisser les fluctuations à long terme.

4. Éviter le timing du marché :

Essayer de chronométrer le marché en essayant de prédire les hauts et les bas peut être risqué. Personne ne peut prédire avec certitude comment les marchés évolueront à court terme. Au lieu de cela, adoptez une approche à long terme et concentrez-vous sur la qualité de vos investissements plutôt que sur leur timing.

5. Rester informé :

Rester informé sur les événements économiques et géopolitiques peut vous aider à comprendre les mouvements du marché et à prendre des décisions éclairées. Gardez un œil sur les actualités financières, les rapports économiques et les tendances sectorielles pour mieux comprendre le contexte dans lequel vous investissez.

6. Avoir un horizon d'investissement à long terme :

Investir avec un horizon à long terme peut aider à atténuer l'impact des fluctuations à court terme sur votre portefeuille. En ayant une perspective à long terme, vous êtes mieux positionné pour surmonter les périodes de volatilité et profiter des rendements positifs du marché sur le long terme.

7. Revoir régulièrement son portefeuille :

Pendant les périodes de volatilité, il est important de revoir régulièrement votre portefeuille d'investissement pour vous assurer qu'il reste aligné sur vos objectifs financiers et votre tolérance au risque. Rééquilibrez votre portefeuille si nécessaire et ajustez votre stratégie d'investissement en fonction des changements de votre situation personnelle et des conditions du marché.

Conclusion :

Investir pendant les périodes de volatilité peut être intimidant, mais en suivant ces stratégies simples, vous pouvez mieux vous positionner pour naviguer avec succès à travers les hauts et les bas du marché. Gardez toujours à l'esprit vos objectifs financiers à long terme et consultez un conseiller financier si nécessaire pour obtenir des conseils personnalisés adaptés à votre situation. En restant discipliné et en prenant des décisions réfléchies, vous pouvez surmonter les défis et atteindre vos objectifs d'investissement.

2 - L'importance de la résilience psychologique en période de crise

L'importance de la résilience psychologique en période de crise ne peut être sous-estimée. Face aux défis, aux perturbations et aux incertitudes de la vie, la résilience psychologique nous permet de faire preuve de force intérieure, de s'adapter aux changements et de rebondir face à l'adversité. Voici une exploration simple et accessible de l'importance de la résilience psychologique en période de crise :

Comprendre la résilience psychologique :

La résilience psychologique est la capacité à faire face aux défis, aux traumatismes, aux changements et aux crises de manière saine et constructive. Elle implique de cultiver une attitude positive, des compétences émotionnelles et des stratégies de coping efficaces pour surmonter les obstacles et se rétablir.

Les éléments clés de la résilience psychologique :

1. **L'acceptation de la réalité :** La résilience psychologique commence par une acceptation honnête de la réalité et des circonstances dans lesquelles nous nous trouvons. Cela signifie reconnaître les difficultés, les émotions et les défis auxquels nous sommes confrontés sans les minimiser ni les nier.

2. **La capacité à s'adapter :** Être résilient, c'est être capable de s'adapter aux changements et aux imprévus de la vie. Cela implique de trouver des solutions créatives, de modifier ses perspectives et de développer de nouvelles compétences pour faire face aux défis.

3. **La gestion des émotions :** La résilience psychologique implique de reconnaître et de gérer efficacement ses émotions, même les plus difficiles. Cela inclut la capacité à exprimer ses sentiments de manière saine, à faire preuve de compassion envers soi-même

et à trouver des moyens constructifs de faire face au stress et à l'anxiété.

4. **La recherche de soutien social :** Avoir un réseau de soutien solide est essentiel pour renforcer la résilience psychologique. La connexion avec les autres, le partage de nos expériences et le soutien mutuel peuvent nous aider à traverser les moments difficiles et à trouver du réconfort dans les relations interpersonnelles.

L'importance de la résilience psychologique en période de crise :

En période de crise, que ce soit une pandémie mondiale, une catastrophe naturelle, une perte d'emploi ou une crise personnelle, la résilience psychologique devient un atout précieux pour faire face aux défis et surmonter les difficultés. Voici pourquoi elle est si importante :

1. **Préserver le bien-être mental :** La résilience psychologique nous aide à maintenir notre bien-être mental et émotionnel même lorsque

nous sommes confrontés à des circonstances stressantes et éprouvantes.

2. **Favoriser l'adaptabilité :** Être résilient nous permet de nous adapter rapidement aux changements de situation, d'ajuster nos attentes et nos comportements, et de trouver des solutions créatives aux problèmes rencontrés.

3. **Renforcer la capacité à rebondir :** La résilience psychologique nous donne la force intérieure nécessaire pour rebondir après une crise, pour trouver un sens à nos expériences et pour envisager l'avenir avec optimisme et espoir.

4. **Protéger la santé globale :** Une résilience psychologique accrue est liée à une meilleure santé globale, physique et mentale. Elle nous permet de mieux gérer le stress, de maintenir des relations saines et de prendre soin de nous-mêmes même dans les moments les plus difficiles.

Cultiver la résilience psychologique :

La résilience psychologique n'est pas innée, elle peut être cultivée et renforcée au fil du temps. Voici quelques stratégies pour y parvenir :

- Pratiquer la gratitude et la positivité au quotidien.

- Développer des compétences de gestion du stress telles que la méditation, la respiration profonde et la relaxation.

- Cultiver des relations positives et nourrissantes avec les autres.

- Faire preuve de flexibilité et d'adaptabilité face aux changements.

- Apprendre de ses expériences et voir les défis comme des opportunités de croissance et de développement personnel.

En conclusion, la résilience psychologique est un pilier essentiel de notre bien-être émotionnel et mental, surtout en période de crise. En développant et en renforçant notre capacité à faire face aux défis avec résilience et détermination, nous sommes mieux préparés à affronter les vicissitudes de la vie et à trouver un sens et un équilibre même dans les moments les plus difficiles.

3 - Opportunités d'investissement lors des crises économiques

Lors des crises économiques, il est naturel de ressentir de l'anxiété et de l'incertitude quant à l'avenir de nos investissements et de notre situation financière. Cependant, il est important de reconnaître qu'au milieu des turbulences économiques, il existe également des opportunités d'investissement qui peuvent se révéler fructueuses à long terme. Explorons quelques-unes de ces opportunités dans un langage simple et accessible :

1. Investir dans des actions sous-évaluées :

Lorsque les marchés sont en baisse pendant une crise économique, de nombreuses actions peuvent être sous-évaluées, c'est-à-dire que leur prix est inférieur à leur valeur intrinsèque réelle. Cela crée une opportunité d'investissement pour les investisseurs à long terme. En identifiant des entreprises solides avec des fondamentaux solides, il est possible d'acheter des actions à un prix avantageux et de réaliser des rendements intéressants lorsque les marchés se redressent.

2. Investir dans des secteurs défensifs :

Certains secteurs de l'économie sont moins sensibles aux fluctuations économiques et peuvent offrir une certaine stabilité pendant les périodes de crise. Par exemple, les secteurs de la santé, des biens de consommation de base et des services publics sont souvent considérés comme défensifs. Investir dans ces secteurs peut offrir une certaine protection contre la volatilité du marché et fournir des rendements plus stables à long terme.

3. Rechercher des opportunités immobilières :

Pendant les crises économiques, le marché immobilier peut également offrir des opportunités d'investissement intéressantes. Les prix de l'immobilier peuvent baisser, ce qui rend l'achat de propriétés plus abordable. De plus, les taux d'intérêt bas peuvent rendre le financement de l'immobilier plus attractif. Pour les investisseurs disposant de liquidités et d'une tolérance au risque, investir dans l'immobilier peut être une option à considérer.

4. Investir dans des obligations sûres :

Les obligations sûres, telles que les obligations d'État et les obligations d'entreprises solides, peuvent constituer un refuge pendant les périodes de crise économique. Ces obligations offrent généralement des rendements plus stables et moins de volatilité que les actions. De plus, les obligations d'État sont généralement considérées comme des investissements sûrs, car elles sont soutenues par la garantie du gouvernement émetteur.

5. Considérer les investissements alternatifs :

Les investissements alternatifs, tels que l'or, les matières premières, les hedge funds et les investissements dans les startups, peuvent également offrir des opportunités pendant les crises économiques. Ces investissements peuvent être moins corrélés aux marchés traditionnels et offrir une diversification supplémentaire à un portefeuille. Cependant, il est important de faire preuve de prudence et de faire des recherches approfondies avant d'investir dans des produits financiers plus complexes.

Conclusion : Les crises économiques ne sont pas seulement synonymes de perturbations et d'incertitudes ; elles peuvent également être des moments propices pour identifier et saisir des opportunités d'investissement prometteuses. En gardant un œil attentif sur les marchés, en recherchant des actions sous-évaluées, des secteurs défensifs, des opportunités immobilières, des obligations sûres et des investissements alternatifs, les investisseurs peuvent tirer parti des périodes de crise pour renforcer leurs portefeuilles et réaliser des gains à long terme. Toutefois, il est important de rappeler que toute décision d'investissement comporte des risques et qu'il est essentiel de consulter un conseiller financier professionnel avant de prendre des décisions importantes en matière d'investissement.

Chapitre 10: Évaluation et ajustement de sa stratégie d'investissement

1 - Suivi de ses placements

Suivre ses placements est une pratique essentielle pour tout investisseur soucieux de la croissance et de la gestion de son portefeuille financier. Que vous soyez novice en matière d'investissement ou un investisseur expérimenté, comprendre l'importance du suivi de ses placements peut vous aider à prendre des décisions éclairées et à maximiser les rendements de votre portefeuille. Explorons ensemble cette pratique en langage simple et accessible :

Pourquoi suivre ses placements ?

1. **Évaluation de la performance :** Suivre ses placements permet d'évaluer la performance de son portefeuille dans son ensemble ainsi que celle de chaque investissement

individuel. Cela vous permet de voir comment vos placements évoluent au fil du temps par rapport à vos objectifs financiers.

2. **Identification des tendances :** En suivant régulièrement vos placements, vous pouvez identifier les tendances du marché et ajuster votre stratégie d'investissement en conséquence. Vous pouvez repérer les secteurs en croissance, les actions performantes et les opportunités émergentes.

3. **Gestion des risques :** Le suivi de vos placements vous permet de surveiller les risques associés à votre portefeuille. Vous pouvez identifier les investissements qui présentent un risque élevé et prendre des mesures pour diversifier votre portefeuille et réduire votre exposition aux risques.

4. **Rééquilibrage du portefeuille :** En suivant vos placements, vous pouvez déterminer si votre portefeuille est toujours aligné sur votre stratégie d'investissement initiale. Si nécessaire, vous pouvez rééquilibrer votre portefeuille en vendant des placements

surpondérés et en investissant dans des secteurs sous-pondérés.

Comment suivre ses placements ?

1. **Utilisation d'outils de suivi :** De nombreuses plateformes en ligne et applications mobiles permettent de suivre facilement ses placements. Ces outils fournissent des mises à jour en temps réel sur la valeur de vos investissements, la performance de votre portefeuille et les actualités du marché.

2. **Tenue de registres :** Certaines personnes préfèrent tenir des registres manuels de leurs placements, enregistrant les transactions, les dividendes et les performances. Cela peut être fait à l'aide de feuilles de calcul ou de carnets d'investissement.

3. **Analyse des rapports financiers :** Il est important de lire régulièrement les rapports financiers de vos placements, tels que les rapports annuels et trimestriels des sociétés dans lesquelles vous avez investi. Ces rapports fournissent des informations

précieuses sur la santé financière et la performance des entreprises.

Les bonnes pratiques pour suivre ses placements :

1. **Fréquence :** Il est recommandé de suivre ses placements régulièrement, mais pas de manière obsessionnelle. Fixez-vous une fréquence de suivi qui correspond à votre style d'investissement et à vos objectifs financiers.

2. **Objectivité :** Lorsque vous suivez vos placements, essayez d'être objectif et basé sur des faits plutôt que sur des émotions. Évitez de prendre des décisions impulsives en réaction à des fluctuations à court terme sur le marché.

3. **Adaptabilité :** Soyez prêt à ajuster votre stratégie d'investissement en fonction des tendances du marché, des changements économiques et des événements mondiaux. Restez flexible et ouvert aux opportunités d'investissement qui se présentent.

Conclusion : Le suivi de ses placements est une pratique fondamentale pour tout investisseur sérieux. En surveillant régulièrement vos placements, en évaluant leur performance et en ajustant votre stratégie d'investissement en conséquence, vous pouvez maximiser les rendements de votre portefeuille et atteindre vos objectifs financiers à long terme. Gardez à l'esprit l'importance de la discipline, de l'objectivité et de l'adaptabilité dans votre approche de suivi des placements, et n'hésitez pas à consulter un conseiller financier si vous avez des questions ou des préoccupations concernant votre portefeuille.

2 - Réévaluation de ses objectifs et de son profil d'investisseur

La réévaluation de ses objectifs et de son profil d'investisseur est une étape essentielle dans la gestion financière personnelle. Que vous débutiez dans le monde de l'investissement ou que vous soyez un investisseur chevronné, prendre le temps de reconsidérer vos objectifs financiers et votre profil d'investisseur peut vous aider à rester sur la bonne voie et à ajuster votre stratégie en fonction de vos besoins changeants. Explorons ensemble cette démarche de réévaluation dans un langage simple et accessible :

Comprendre ses objectifs financiers :

1. **Identifier ses objectifs :** La première étape de la réévaluation consiste à identifier clairement vos objectifs financiers à court, moyen et long terme. Que vous souhaitiez acheter une maison, constituer un fonds d'urgence, épargner pour la retraite ou financer l'éducation de vos enfants, définir vos objectifs vous permet de donner une direction à vos efforts d'investissement.

2. **Évaluer leur pertinence :** Une fois vos objectifs identifiés, il est important de les évaluer pour leur pertinence dans votre situation actuelle. Peut-être que certains objectifs ont changé ou évolué depuis votre dernière évaluation, et il est essentiel de les adapter en conséquence.

Connaître son profil d'investisseur :

1. **Évaluer sa tolérance au risque :** Votre tolérance au risque est un élément clé de votre profil d'investisseur. Elle détermine votre capacité à supporter les fluctuations du marché et les pertes potentielles. Évaluer votre tolérance au risque vous aide à déterminer le niveau d'exposition aux risques que vous êtes prêt à accepter dans vos investissements.

2. **Considérer son horizon d'investissement :** Votre horizon d'investissement, c'est-à-dire la période pendant laquelle vous prévoyez de conserver vos investissements, influence également votre profil d'investisseur. Les investisseurs ayant un horizon d'investissement plus long peuvent être plus enclins à prendre des risques, tandis que ceux ayant un horizon plus court peuvent privilégier la stabilité et la préservation du capital.

Les facteurs influençant la réévaluation :

1. **Changements de situation personnelle :**
   Les changements dans votre vie personnelle,
   tels que le mariage, la naissance d'un enfant,
   un déménagement ou un changement de
   carrière, peuvent avoir un impact sur vos
   objectifs financiers et votre tolérance au
   risque.

2. **Évolution du marché :** Les conditions
   économiques et les tendances du marché
   peuvent également influencer votre stratégie
   d'investissement. Par exemple, une période de
   volatilité accrue peut vous amener à réévaluer
   votre tolérance au risque ou à ajuster votre
   allocation d'actifs.

Les étapes de la réévaluation :

1. **Analyse de la performance :** Examinez la performance de votre portefeuille et évaluez si elle est en ligne avec vos objectifs financiers et votre profil d'investisseur. Identifiez les investissements qui ont bien performé et ceux qui ont sous-performé, et envisagez d'apporter des ajustements si nécessaire.

2. **Consultation d'un conseiller financier :** Si vous avez des doutes ou des questions concernant votre réévaluation, n'hésitez pas à consulter un conseiller financier. Un professionnel peut vous aider à analyser votre situation financière, à définir des objectifs réalistes et à élaborer une stratégie d'investissement adaptée à vos besoins et à votre profil.

Conclusion : La réévaluation de ses objectifs et de son profil d'investisseur est une étape cruciale dans la gestion financière personnelle. En prenant le temps d'évaluer vos objectifs, votre tolérance au risque et votre stratégie d'investissement, vous pouvez vous assurer que votre portefeuille est aligné sur vos besoins et vos aspirations financières. Soyez flexible et prêt à ajuster votre stratégie en fonction des changements dans votre vie personnelle et des conditions du marché. En restant proactive et engagée dans la gestion de vos finances, vous êtes mieux équipé pour atteindre vos objectifs financiers à long terme.

3 - Les signaux pour ajuster sa stratégie d'investissement

Ajuster sa stratégie d'investissement est une pratique essentielle pour tout investisseur cherchant à maximiser ses rendements tout en minimisant les risques. Il est crucial de comprendre les signaux et les indicateurs qui peuvent indiquer la nécessité d'apporter des ajustements à sa stratégie d'investissement. Dans cette exploration narrative, nous examinerons en détail les différents signaux à surveiller et les actions à entreprendre pour ajuster sa stratégie d'investissement.

Les Signaux pour Ajuster sa Stratégie d'Investissement :

1. Évolution des Objectifs Financiers :

- Lorsque vos objectifs financiers changent, il est important d'ajuster votre stratégie d'investissement en conséquence.

- Des événements de vie tels que le mariage, l'achat d'une maison, la naissance d'un enfant ou la retraite peuvent influencer vos besoins financiers et donc votre stratégie d'investissement.

2. Changements dans la Tolérance au Risque :

- Si votre tolérance au risque évolue, cela peut nécessiter des ajustements dans votre portefeuille.

- Les investisseurs devraient revoir régulièrement leur tolérance au risque, notamment en fonction de leur âge, de leur situation financière et de leurs objectifs.

3. Performances du Portefeuille :

- Les performances de votre portefeuille par rapport à vos objectifs peuvent indiquer la nécessité d'ajuster votre stratégie.

- Des performances insatisfaisantes sur une période prolongée peuvent nécessiter une réévaluation de votre allocation d'actifs et de vos choix d'investissement.

4. Conditions du Marché :

- Les conditions économiques et les tendances du marché peuvent influencer la performance de votre portefeuille.

- Les signaux économiques tels que l'inflation, les taux d'intérêt, le chômage et la croissance économique peuvent nécessiter des ajustements dans votre stratégie d'investissement.

5. Changements Réglementaires et Fiscaux :

- Les changements dans les réglementations et les lois fiscales peuvent avoir un impact sur votre portefeuille.

- Restez informé des changements législatifs et consultez un conseiller financier pour comprendre comment ces changements pourraient affecter votre stratégie d'investissement.

Actions pour Ajuster sa Stratégie d'Investissement :

1. Réévaluer ses Objectifs :

- Passez en revue vos objectifs financiers et déterminez s'ils ont changé ou évolué depuis votre dernière évaluation.

- Adaptez votre stratégie d'investissement pour refléter vos nouveaux objectifs et priorités financières.

2. Réexaminer sa Tolérance au Risque :

- Évaluez votre tolérance au risque à la lumière des changements dans votre situation personnelle et les conditions du marché.

- Rééquilibrez votre portefeuille pour refléter votre tolérance au risque actualisée.

3. Diversifier son Portefeuille :

- Si votre portefeuille est concentré dans un secteur ou une classe d'actifs spécifique, envisagez de diversifier davantage.

- La diversification peut aider à réduire le risque et à améliorer la stabilité de votre portefeuille.

4. Examiner les Performances :

- Analysez les performances de votre portefeuille et identifiez les investissements qui sous-performent ou surperforment par rapport à vos attentes.

- Envisagez de vendre des investissements sous-performants et de réaffecter les fonds vers des opportunités plus prometteuses.

5. Restez Informé :

- Suivez de près les nouvelles économiques et les tendances du marché pour rester informé des développements pertinents.

- Consultez régulièrement des sources d'information fiables et envisagez de discuter avec un conseiller financier pour obtenir des conseils personnalisés.

Conclusion : Ajuster sa stratégie d'investissement est une pratique essentielle pour s'adapter aux changements dans votre vie, dans les conditions du marché et dans les réglementations. En surveillant attentivement les signaux qui nécessitent des ajustements et en prenant des mesures appropriées, vous pouvez optimiser la performance de votre portefeuille et atteindre vos objectifs financiers à long terme. Soyez proactif, informé et prêt à ajuster votre stratégie en fonction des changements qui se présentent. En agissant de manière réfléchie et judicieuse, vous pouvez maximiser les opportunités d'investissement tout en minimisant les risques pour votre capital.

Conclusion

Voici un récapitulatif des points clés à retenir concernant l'ajustement de sa stratégie d'investissement :

1. **Évolution des Objectifs Financiers :** Réévaluez régulièrement vos objectifs financiers à court, moyen et long terme pour vous assurer qu'ils sont alignés sur votre situation actuelle et vos aspirations futures.

2. **Changements dans la Tolérance au Risque :** Votre tolérance au risque peut évoluer avec le temps et les changements dans votre vie. Assurez-vous que votre stratégie d'investissement correspond à votre niveau de tolérance au risque actualisé.

3. **Performance du Portefeuille :** Surveillez
    attentivement la performance de votre
    portefeuille par rapport à vos objectifs et aux
    indices de référence pertinents. Identifiez les
    investissements qui sous-performent et ceux qui
    surperforment pour prendre des décisions
    informées.

4. **Conditions du Marché :** Tenez compte des
    conditions économiques et des tendances du
    marché lors de l'ajustement de votre stratégie
    d'investissement. Soyez conscient des signaux
    économiques et des événements du marché qui
    pourraient avoir un impact sur vos
    investissements.

5. **Changements Réglementaires et Fiscaux :**
    Gardez une trace des changements dans les
    réglementations et les lois fiscales qui pourraient
    influencer votre stratégie d'investissement.
    Consultez un expert en la matière si nécessaire

pour comprendre les implications fiscales de vos décisions d'investissement.

6. **Réévaluation et Adaptation :** La réévaluation et l'adaptation constantes de votre stratégie d'investissement sont essentielles pour rester en phase avec vos objectifs financiers et les conditions du marché en évolution.

7. **Diversification et Gestion des Risques :** La diversification de votre portefeuille et la gestion des risques sont des éléments clés pour assurer la stabilité et la croissance à long terme de vos investissements.

En résumé, restez informé, flexible et proactif dans la gestion de votre stratégie d'investissement. En surveillant régulièrement les signaux du marché et en ajustant votre stratégie en conséquence, vous pouvez optimiser les rendements de votre portefeuille et atteindre vos objectifs financiers à long terme.

persévérer dans sa démarche d'investissement et de gestion financière personnelle

Dans le vaste monde de l'investissement et de la gestion financière personnelle, il y a une chose qui demeure constante : l'importance d'agir et de persévérer dans sa démarche. C'est un voyage rempli de défis, de hauts et de bas, mais c'est aussi une aventure passionnante pleine d'opportunités et de croissance personnelle. Dans cette exploration narrative, nous allons découvrir les raisons pour lesquelles il est crucial d'agir et de persévérer dans sa démarche d'investissement et de gestion financière personnelle.

L'Importance d'Agir :

1. Se donner la Chance de Réaliser ses Rêves :

- En agissant dès maintenant pour planifier et investir, vous vous donnez la possibilité de réaliser vos rêves financiers et de construire un avenir solide et sécurisé.

2. Prendre le Contrôle de sa Vie Financière :

- Agir vous permet de reprendre le contrôle de votre vie financière. Au lieu de subir passivement les circonstances, vous devenez l'architecte de votre propre avenir financier.

3. Maximiser les Opportunités d'Investissement :

- Le temps est un allié précieux dans le monde de l'investissement. En agissant tôt, vous maximisez les opportunités d'investissement et vous bénéficiez de la croissance à long terme de vos placements.

Surmonter les Obstacles :

1. La Peur de l'Inconnu :

- L'une des principales raisons pour lesquelles les gens hésitent à agir est la peur de l'inconnu. Mais rappelez-vous, chaque grand voyage commence par un premier pas.

2. L'Incertitude et les Risques :

- Investir comporte toujours une part d'incertitude et de risque. Cependant, c'est en prenant des risques calculés et en apprenant de ses erreurs que l'on progresse et que l'on construit un patrimoine financier solide.

3. La Procrastination :

- La procrastination est l'ennemi de la réussite financière. Reportez-vous à demain ce que vous pouvez faire aujourd'hui ne fera que retarder votre progression vers vos objectifs financiers.

Encouragements à Persévérer :

1. La Patience est une Vertu :

- Rome ne s'est pas construite en un jour, et votre portefeuille financier non plus. La persévérance et la patience sont essentielles pour réussir dans le monde de l'investissement.

2. Apprendre de ses Erreurs :

- Chaque échec est une opportunité d'apprentissage. Ne laissez pas la peur de l'échec vous décourager. Au contraire, utilisez chaque erreur comme un tremplin pour rebondir et progresser.

3. Garder les Yeux sur l'Objectif :

- Gardez toujours votre objectif financier à l'avant-plan de vos pensées. Visualisez vos rêves et utilisez-les comme motivation pour persévérer même lorsque les temps sont difficiles.

La Puissance de la Persévérance :

1. Construire la Confiance en Soi :

- À mesure que vous progressez dans votre parcours financier, vous construisez également votre confiance en vous. Chaque petit succès renforce votre conviction dans vos capacités à atteindre vos objectifs.

2. Créer un Impact Durable :

- L'impact de vos actions et de vos choix financiers s'étend bien au-delà de vous-même. En bâtissant un avenir financier solide, vous créez également des opportunités pour vos proches et pour les générations à venir.

3. Vivre une Vie de Liberté Financière :

- En agissant et en persévérant dans votre démarche d'investissement, vous vous rapprochez chaque jour un peu plus de la réalisation de la liberté financière. Cette liberté vous permettra de vivre la vie que vous avez toujours rêvée, libre des contraintes financières.

Conclusion :

- Agir et persévérer dans sa démarche d'investissement et de gestion financière personnelle sont les clés de la réussite financière à long terme. À travers les hauts et les bas, les succès et les défis, rappelez-vous toujours que chaque pas que vous faites vous rapproche un peu plus de vos objectifs financiers. Que votre parcours financier soit un voyage enrichissant et inspirant, rempli de croissance personnelle, d'apprentissage et de réalisations. N'oubliez jamais que vous avez le pouvoir de façonner votre propre avenir financier, alors agissez dès maintenant et persévérez sur la voie de la réussite financière.